Vitale
Läuferküche

Was Sie in diesem Buch finden

Sport und Ernährung heute 7

Ausdauersport und vollwertige Ernährung 8
Ernährungsphilosophie als Visitenkarte 18
Die Entwicklung der Ernährung 22

Vollwertige Ernährung – so wirkt sie 27

Im Alltag, Beruf und Sport belastbarer 28
Die Verdauung läuft auf Hochtouren 32
Das Wunschgewicht pendelt sich ein 34

Vollwertige Ernährung – das ist drin 37

Die Grundnährstoffe in unserer Nahrung 38
Die Vitalstoffe in unserer Nahrung 46
Gemüse, Salate und Obst 50
Kartoffeln und Hülsenfrüchte 53
Nüsse, Ölsamen und Ölfrüchte 54
Speiseöle 55
Getreide 56
Milch und Milchprodukte 58
Fleisch, Fisch und Eier 60
Gewürze und Kräuter 62
Getränke 63

Die Vitale Läuferkost   67

Die optimale Ernährung für den Sportler   68
Die Basis für ein neues Essverhalten   69
So macht Sie die Vitale Läuferkost richtig fit   71
So vermeiden Sie Fitnessbremsen   73
Der 4-Wochen-Durchhalteplan   76
Vollwertige Ernährung rund um einem Wettkampf   79

Vitale Rezepte für den Läufer   87

Müsli – für den perfekten Start in den Tag   88
Salate – die knackig-frischen Sattmacher   93
Nudelgerichte – Pasta für Kraft und Ausdauer   106
Reisgerichte – abwechslungsreiche Läuferkost   110
Kartoffelgerichte – Feines mit der tollen Knolle   113
Brötchen & Brote – selbst gebacken einfach köstlich   116
Brotaufstriche – mal süß, mal herzhaft   120
Desserts – süße Leckereien zum Abschluss   123
Getränke – Durstlöscher, die fit machen   125

Über die Autoren   126
Stichwortverzeichnis   127

Sport und Ernährung heute

Ausreichend Bewegung und gesunde Ernährung sind für Ihre Fitness ein unschlagbares Duo. Während Bewegung durch Walken, Laufen oder Radfahren für jedermann ohne große Anleitung zu praktizieren ist, ist gesunde Ernährung für viele ein unbekanntes Feld. Zu wenig wissen sie über die Auswirkung der Nahrungsaufnahme und den Stoffwechsel, sodass sich ungewollt Ernährungsfehler und in der Folge Nähr- und Vitalstoffmängel einschleichen. Und genau hier liegt der Ansatz unseres Buches.

Ausdauersport und vollwertige Ernährung

Ich möchte Sie für Ihr Interesse am Thema »Ernährung und Sport« beglückwünschen. Sie wissen, dass körperliche Leistung nicht ausschließlich eine Frage des Trainings ist, sondern auch der Bereitstellung ausreichender Nähr- und Vitalstoffe. Eine konsequent vollwertige Ernährung ist die Basis für die Gesunderhaltung und damit der Nährboden für optimale Leistungsfähigkeit. Vollwertige Kost versorgt den Organismus mit allen notwendigen biologischen Wirkstoffen, macht fit und hilft degenerative Schäden zu vermeiden.

Ratschläge für schnelle Erfolge durch kleine Ernährungstricks kann ich Ihnen allerdings nicht geben. Sie werden in diesem Buch weder eine Anleitung für einen Zaubertrank à la Asterix und Obelix noch ein Spinatrezept, wie es dem Seemann Popeye anscheinend zu Kraft und Schnelligkeit verholfen hat, finden. Dafür verspreche ich Ihnen eine über den Sport hinausgehende Fitness und Leistungsfähigkeit.

Durchhaltevermögen ist wichtig

Ihre Ernährung sollten Sie langfristig optimieren, um maximale Erfolge zu gewährleisten. Sie brauchen die Einsicht, den Willen und das Durchhaltevermögen, lieb gewonnene Ernährungsweisen zu ändern, manche gar für immer über Bord zu werfen und sich Neuem zu öffnen. Aber Ausdauer und Zielstrebigkeit sind Eigenschaften, die Sie als Läufer ja von Natur aus mitbringen, also wird Ihnen auch eine Veränderung der Ernährungsgewohnheiten gelingen.

Kurzfristige Umstellungen, vor oder während eines Wettkampfes, bringen mehr Probleme mit sich, als dass sie Verbesserungen erhoffen lassen. Richten Sie sich daher darauf ein, mit dieser Lektüre Ihre komplette Ernährungssituation zu hinterfragen. Nur wer grundsätzlich denaturierte Nahrung meidet und sich stattdessen vollwertig ernährt, der wird seine körperliche wie geistige Leistungsfähigkeit voranbringen.

Die gesund erhaltende ist auch die beste Sporternährung.

Ernährung ist jedoch weit mehr als nur zweckgebunden und die Summe ihrer Inhaltsstoffe. Essen und Trinken ist Teil unserer Kultur und sollte gut schmecken. Wir essen im Familienverbund, mit Arbeitskollegen und in geselligen Runden. Wir stoßen auf Erfolge an, laden zum Kaffee ein oder trinken mit Freunden abends ein Gläschen an der Bar. Wir gehen zum Italiener, treffen uns in der Firmenkantine und am Wochenende endet mancher Ausflug im Café. Unser alltägliches Essen und Trinken ist Ausdruck unserer Zivilisation.

Sie werden daher unter Umständen auf Vorbehalte treffen, wenn Sie von einem auf den anderen Tag manche Essrituale nicht mehr mitmachen. Einige Skeptiker werden Sie vielleicht für »kompliziert« halten und den Tag herbeisehnen, an dem Sie wieder »normal« essen. Andere wiederum werden Sie künftig unaufhörlich mit Fragen löchern, weil Sie etwas umsetzen, wozu vielen der Zugang und der Mut fehlen.

Die tägliche Kost ist entscheidend

Eines schon mal vorneweg. Ein Läufer muss sich nicht anders ernähren als ein Nichtsportler. Viele Sportler haben schlichtweg mehr Hunger und mehr Durst. Und das ist gut so. Aber sie brauchen definitiv keine andere Basisernährung als Menschen mit wenig Bewegung. Sportler brauchen keine Energieriegel und keine isotonischen Sportgetränke. Sportler brauchen eine gesunde Leistungskost, die mit einer natürlichen und vollwertigen Kost gegeben ist.

Manche Sportler brauchen mehr Nährstoffe, denn sie verwerten mehr. Andere haben ein geringeres Hungergefühl nach dem Training. Na und? Den Bedarf an Nähr- und Vitalstoffen – die vorangegangene Gewöhnung an eine vitalstoffreiche Kost vorausgesetzt – regulieren die Körpersignale Hunger und Durst auf wundersame Weise selbst und richtig.

Bei Ausdauersportlern ist allerdings leider häufig zu beobachten, dass ihnen der Wert der täglichen Nahrung nicht wirklich bewusst ist. Nur in der Vorwettkampfwoche und am Wettkampftag zelebrieren sie »Sportlerdiäten« mit großer Hoffnung, aber zweifelhafter Wirkung. Ganz harte unter ihnen, machen die sogenannte »Saltin-Diät«, bei der dem Körper zunächst einige Tage die Energie entzogen wird, um ihn dann mit Kohlenhydraten zu mästen. Diese Athleten erhoffen sich größere Glykogenspeicher – wenn Sie es denn schaffen diese Diät durchzuhalten. Die Strapazen

Laufen als Naturinstinkt

Bei ihrer Suche nach Essbarem haben die Urmenschen täglich Streifzüge von 20 bis 30 Kilometern gemacht (übrigens ganz ohne Sportgetränke im Gepäck). Ein Hinweis, den ich in Laufseminaren gerne gebe. Er weckt das Verständnis dafür, dass tägliches Dauerlaufen, auch Strecken über 20 Kilometer und mehr, in der Veranlagung des Menschen liegt. »Fisch schwimmt, Vogel fliegt, Mensch läuft«, so brachte es einst Emil Zátopek treffend auf den Punkt.

für den Körper sind so heftig, dass viele die Diät vorzeitig abbrechen und sich wieder der gewohnten Alltagskost zuwenden. Eine verminderte Leistungsfähigkeit am Wettkampftag kann die ungewollte Folge sein. Auch für das Frühstück am Wettkampftag gibt es mit Toastbrot und Honig eine ebenso weit verbreitete wie falsche Empfehlung. Diese Kost hat schon vielen Marathonläufern das Leben schwer gemacht, wenn Sie unterzuckert Bekanntschaft mit dem Mann mit dem Hammer gemacht haben.

Bevor ich später ausführlich auf die Wettkampfernährung eingehe, möchte ich mich zunächst dem Wert der alltäglichen Ernährung zuwenden. Denn ein Mal vollwertig Essen bringt für Ihre Fitness ungefähr genauso viel, wie ein Mal Tempotraining für Ihre Grundschnelligkeit. Ebenso wenig macht einmaliges Sahnekuchen essen dick. Sie müssen sich dauerhaft vollwertig ernähren und dauerhaft minderwertige Kost meiden. Die tägliche Basisernährung entscheidet über Gesundheit und sportlichen Erfolg. Nur mit Vollwertkost läuft Ihr Stoffwechsel ungestört auf Hochtouren, versorgt Sie mit ausreichend Energie und baut in den Regenerationsphasen die beim Sport verletzten Körperzellen wieder auf.

Ein Blick in die Kantinen Deutschlands

Currywurst mit Pommes frites führt unangefochten die Hitparade der beliebtesten Kantinenessen an, dicht gefolgt von Wiener Schnitzel und Spaghetti Bolognese. Wahrscheinlich werden dazu Limonadengetränke getrunken. Bleibt zu hoffen, dass die Läufer unter den Gästen der mehr als 12 000 Kantinen und Betriebsrestaurants in Deutschland, eine bessere Wahl treffen – denn sie haben in der Regel eine Wahl.

Wenn auch Vollkornprodukte (Naturreis, Vollkornnudeln, Vollkornbrot und Frischkornmüsli) nur selten zu finden sind, so gehört ein Salatbuffet mit Rohkost in der Regel zum Standardangebot einer jeden Kantine. Und reichlich Rohkost liefert nicht nur viele Vitalstoffe, deren Faserstoffe (Ballaststoffe) machen auch satt. Dennoch ist Kantinenessen hinsichtlich der Frische und Abwechslung oft nur ein Kompromiss. Wenn wirklich gar nichts Vernünftiges geboten wird, dann kann man sich vollwertiges Essen – beispielsweise morgens zubereitet – auch von zu Hause mit zum Arbeitsplatz nehmen.

Schere und Dosenöffner im täglichen Gebrauch?

Wenn ich einen Blick in die Regale in Supermärkten werfe, dann sehe ich in Kartons verpackte Tiefkühlgerichte, in Folien verschlossene Knabbereien, in Glitzerpapier eingerollte Süßwaren und in Dosen konserviertes Gemüse. Da braucht man schon einen Koffer voller Werkzeuge, um an die Nahrung heranzukommen ...

Das ist nicht die Nahrung, die für Sie richtig ist, selbst wenn Sie keine Konservierungs-, künstlichen Aroma- oder sonstige Lebensmittelzusatzstoffe auf der Deklaration entdecken sollten. Meiden Sie grundsätzlich verpackte Nahrungsmittel. Denn wer die Inhaltsstoffe auf der Verpackung eines Nahrungsmittels prüfen muss, bevor er es kauft, ist meist schon auf dem falschen Weg. Natürlich können Sie wenn nötig auch weiterhin kontrollieren, ob Stabilisatoren oder Konservierungsstoffe enthalten sind. Aber warum kaufen Sie diese Produkte nicht gleich als Frischware in Bio-Qualität?

Bio-Gemüse vom Bauern statt Nahrung aus der Fabrik

Meine Frau und ich gehen jeden Samstag zum Wochenmarkt, um uns beim Bio-Bauern mit der Wochenration Obst, Salat und Gemüse einzudecken. Uns gefällt das Einkaufserlebnis, wir freuen uns auf die Ratschläge der Bauersleute und uns überzeugt die Frische der Waren. Auch einige Bio-Läden und Bio-Bauernhöfe fahren wir innerhalb der Woche an, um uns mit den bestmöglichen Produkten zu versorgen. Denn Bio ist einfach besser! Auch jeder größere Supermarkt hat inzwischen ein gut sortiertes Gemüseangebot und häufig auch eine große Auswahl an Bio-Produkten. Sogar Bio-Discounter gibt es mittlerweile, ebenfalls mit reichhaltigem Angebot an Früchten, Salaten und Gemüse – wer hätte das noch vor 20 Jahren gedacht?

Und wer es nicht regelmäßig zum Markt oder Händler schafft, für den gibt es vielerorts Versandhandelskonzepte, die frische Bio-Ware sogar nach Hause bringen. Fragen Sie Ihren Gemüsehändler oder suchen Sie im Internet zum Beispiel mal nach »Grüne Kiste«. Es gibt also wenig Ausreden, für fast jeden ist das Einkaufen gesund erhaltender Lebensmittel möglich.

In vielen Supermärkten finden Sie ein reichhaltiges Angebot an frischem Obst und Gemüse – oft auch in Bio-Qualität.

Schulen Sie Ihre somatische Intelligenz

Essen Sie künftig vollwertig und lassen Sie sich von Ihren Gefühlen leiten. Der beste Ratgeber für Ihre Ernährung ist Ihr Bauchgefühl. Sie haben Hunger, Durst, Appetit und eine somatische Intelligenz. Diese Signale deuten Ihnen, was gut für Sie ist. Doch leider ist vielen dieses natürliche Gefühl für die Ernährung abhanden gekommen. Schuld daran sind der übermäßige Konsum von Industrienahrung, Fabrikzucker, raffinierten Salzen, tierischen Fetten, Geschmacksverstärkern und künstlichen Aromen.

Betrachten wir zum Beispiel nur die isolierten Kohlenhydrate in unserer Nahrung. Ohne dass wir es wollen, macht der Konsum von industriell verarbeiteten Kohlenhydraten wie

Haushaltszucker oder Auszugsmehl Lust auf mehr. Sie regen die Insulinproduktion an, die den Blutzuckerspiegel sinken lässt und das Verlangen auf Süßes weiter anheizt. Zudem bewirkt der ständige Verzehr von stark Gesüßtem das Verkümmern der Geschmackssinne. Die natürliche Süße von reifen Früchten reicht vielen nicht mehr aus, sie verlangen Zucker, Süßstoffe, Honig, Stevia oder was auch immer, um den Heißhunger zu stillen. Und so geben sich Cola- und Limonadentrinker mit Quell- oder Mineralwasser meist nicht mehr zufrieden. »Wenn ich etwas trinke, dann muss das Geschmack haben«, höre ich immer wieder. Diese Menschen verlangen nach süßen und aromatisierten Getränken oder Alkoholika.

Doch die gute Nachricht ist, dass das natürliche Geschmacksempfinden und die somatische Intelligenz, die Ihnen sicher signalisieren, was der Körper für seine Gesundheit braucht, wieder erlernbar sind. Schon nach wenigen Wochen vollwertiger Erährung erlischt der Heißhunger und die natürlichen Geschmacks- und Geruchssinne kehren zurück. Der Appetit bietet wieder eine verlässliche Orientierung, er zeigt den richtigen Weg, welche Nähr- und Vitalstoffe wieder aufzufüllen sind. Die Lust auf Salziges – zum Beispiel nach einem Langstreckenlauf – ist ein verlässliches Zeichen für einen hohen Mineralstoffverbrauch, der Nachschub erfordert. Nutzen Sie die Chance, mit vollwertiger Ernährung Ihre somatische Intelligenz zu stärken.

Laufen ist kein Allheilmittel

Sie werden Menschen kennen, die durch Laufen ihre Figurprobleme in den Griff bekommen haben. Und tatsächlich hilft Laufen ganz erheblich auf dem beschwerlichen Weg zum Wunschgewicht. Wer sich bewegt, verbraucht Energie. Und wer langfristig mehr Energie verbraucht, als er über die Nahrung zuführt, nimmt ab. So einfach ist das. Sie werden aber auch Menschen kennen, die trotz nur mäßiger Bewegung schlank sind und dabei auch noch reichlich essen können. Offensichtlich kann man nicht nur über die Nahrungsmenge das Gewicht kontrollieren, sondern auch durch deren Menge und Qualität.

Laufen ist ein probates Mittel Nahrungsenergie zu verbrennen, aber kein Allheilmittel zur Vermeidung ernährungsbedingter Krankheiten. Stoffwechselstörungen, die durch den Verzehr denaturierter Nahrungsmittel entstehen, kann Laufen nicht beseitigen. Ausdauernde Läufer sind zwar vor krankhaften Fett-

Laufen hilft beim Abnehmen, ist aber kein Allheilmittel für die Gesundheit.

ablagerungen weitestgehend gefeit, aber Arthrosen, Arthritis oder Arteriosklerosen können sie genauso betreffen, wie die nicht laufende Bevölkerung. Nur eine Kombination aus regelmäßiger Bewegung und gesund erhaltender Ernährung hilft viele Krankheiten erst gar nicht entstehen zu lassen.

Trainieren wie ein Weltmeister, ernähren wie ein Kreismeister?

Viele Sportler haben den Wert der Ernährung noch nicht richtig erkannt. Sie trainieren zwar regelmäßig und gewissenhaft, besuchen Laufseminare und studieren die Trainingsgeheimnisse herausragender Athleten. Doch ihr Frühstück, Mittag- und Abendessen sind nicht auf die sportlichen Ziele ausgerichtet. Ihre Mahlzeiten sehen aus wie eh und je – es gibt die von Familie und Werbung gelernte Zivilisationskost. Keine Frage, man kann beeindruckende sportliche Leistungen bei schlechtester Ernährung erbringen, sofern diese nur genügend Grundnährstoffe liefert. Die Frage ist aber, wie lange – und verletzungsfrei? Viele essen daher gedankenlos morgens weiße Brötchen mit Marmelade oder Nuss-Nougat-Creme, mittags Nudeln mit Sauce oder ein Steak mit Pommes frites und abends Käse- und Leberwurstbrot. Dazu Kaffee, grüner Tee, Weinschorlen oder Bier. Der vielen Ernährungsfehler sind sich dabei die wenigsten Menschen bewusst. Woher auch, sie haben es ja nicht anders gelernt. Sie, liebe Leserin, lieber Leser, haben sich darüber aber bereits Gedanken gemacht, sonst hätten Sie dieses Buch nicht erworben.

Auch bei einem Halbmarathon ist eine vollwertige Ernährung entscheidend für den Erfolg.

Auf Irrwegen zu Nahrungsergänzungsmitteln

Gestatten Sie mir an dieser Stelle einen Ausflug in meine Ernährungsvergangenheit, vielleicht haben Sie ja ganz ähnliche Erfahrungen gemacht.

Ende der 1990er Jahre lernte ich einen populären Arzt kennen. Dieser hat bis heute 10 Millionen Bücher zu diversen Ernährungsthemen verkauft. Er motivierte, wie kaum ein anderer, redete von ewiger Jugend und predigte Blut-Tuning durch Nahrungsergänzung. Ich habe mich damals von ihm einfangen lassen, denn der Mann hat Charisma – und ich hatte keine Ahnung. Seinen Interpretationen meines Blutbildes glaubte ich mehr als meinem Verstand. Woher auch hätte ich etwas über Ernährung wissen können?

Während meiner Schulzeit wurde weder Gesundheit noch Ernährung thematisiert und in

Sie haben die Wahl: Zink finden Sie in Tabletten oder in Kürbiskernen. Letztere liefern Ihnen auch eine große Vielfalt weiterer Vitalstoffe.

meinem Elternhaus gab es zwar Kochkünste, aber kein Wissen über den Nährwert unserer Speisen.
Ich bin morgens mit mit Wurst und Käse belegten Butterbroten, löslichem Zitronentee, mittags konservierten Erbsen und Möhren, dazu Kartoffelpüree aus der Packung und abends Blut- und Leberwurst aufgewachsen. Und wenn sich mein Instinkt gegen die Blutwurst sträubte, dann wurde ich bestraft. Meine somatische Intelligenz, die mir als Kind noch sagte, dass Blut- und Leberwurst nicht gut für mich sind, wurde mir nach und nach ausgetrieben, irgendwann mochte ich die Blutwurst sogar. Ich mache meinen Eltern heute keinen Vorwurf, sie wussten es nicht besser, und ich habe zunächst vieles von ihnen übernommen.

Der Verführer aus dem Hörsaal

Doch dann wurde ich selbst Vater und wollte bei meinem Kind einiges besser machen. Auf einem Seminar lernte ich einen Mediziner kennen, der nur an das glaubte, was er im Labor messen konnte. Folglich machte er von allen Seminarteilnehmern ein Blutbild und sagte: »Lies in Deinem Blut, da steht, was Dir fehlt.« Nachhaltig wies er auf die Bedeutung der Nahrung für die Fitness hin, nicht ohne zu betonen, dass die Früchte der Natur heute kaum noch Vitalstoffe hätten, die Böden ausgelaugt seien und die Äpfel nach Styropor schmeckten. Wer alles richtig machen wolle, der komme um Nahrungsergänzungsmittel nicht herum. Ich verließ nachdenklich und angetan den Hörsaal und landete direkt vor einem Tisch mit Vitamin-, Mineralstofftabletten und Eiweißpulvern. Ich deckte mich für rund 100 DM mit dem Notwendigsten ein. Es war mir egal, dass dieser Arzt mit diesen Produkten Geld verdiente. Soll er doch, schließlich hatte er mir erklärt, dass ich diese Substitute brauche. Wenn eigene Unwissenheit auf charmante Verführung trifft, dann ist das ein Fall von »dumm gelaufen«. Jahrelang habe ich diese und andere Mittelchen geschluckt, meine Gesundheit möglicherweise mit Überdosierungen gefährdet, keine positiven Effekte gespürt, dennoch daran geglaubt und später sogar selbst Nahrungsergänzungsmittel verkauft.

Auf Sportmessen werden Läufer »angefüttert«

Erst nach und nach durch das Studium guter Literatur, deren Autoren kein wirtschaftliches Interesse an ihren Empfehlungen hatten, habe ich den Weg zu einer vollwertigen Ernährung gefunden. Der Weg dahin ist nicht leicht, denn dieser Arzt ist kein Einzelfall. Viele Kollegen seiner Zunft, die ich inzwischen kennengelernt habe, tun es ihm gleich.

Auch als Leser diverser Laufzeitungen, Fitnessmagazine und Triathlonzeitschriften wird man ständig mit Werbung für Nahrungsergänzungsmittel konfrontiert. Und auf Sportveranstaltungen bzw. auf den begleitenden Verkaufsmessen werden fleißig Prospekte verteilt und Neukunden mit kostenlosen Energieriegel-Proben regelrecht angefüttert. Denn diese schmecken gar nicht mal so schlecht. Ein Hersteller von Sportgetränken ist sogar so clever, dass er gleich drei verschiedene Mischungen anbietet: ein Getränk für vor dem Sport, eines für während des Sports und eines ist nach dem Sport zu verzehren. Drei Mixturen für unterschiedliche Ernährungsbedürfnisse, dies klingt logisch und kommt bei vielen Käufern gut an.

Gerade als Sportanfänger und Laie in Ernährungsfragen ist es da schwer zu widerstehen. Durch Medien und Sportmessen beeinflusst kann man leicht den Eindruck bekommen, dass es nicht ohne geht, dass ein Marathon oder Triathlon etwas ganz Ungewöhnliches sei, das man ohne Hilfsmittel gar nicht problemlos überstehen kann. An Energieriegel und -gels erst mal gewöhnt, suchen viele Sportler später dann gezielt nach leistungsverbessernden Substituten. Dann wird es noch gefährlicher. Der Grad zwischen Nahrungsergänzungsmitteln und Doping ist ein ganz schmaler: Erst Sportgetränke und Riegel, dann Nahrungsergänzungsmittel, später vielleicht Schmerztabletten und dann Doping? Ja, diesen Weg konnte ich bei einigen meiner Kunden und Lauffreunde nachvollziehen.

Pillen oder Früchte?

Viele Menschen schlucken Vitamin-C-Tabletten statt Äpfel zu essen. Sie vertrauen Eiweißpulvern mehr als Hülsenfrüchten und Getreide. Statt sich einen frischen Obstsalat zu machen, lösen sie lieber eine Multivitamin-Brausetablette auf. Glauben diese Menschen wirklich, dass isolierte Vitamine genauso wertvoll sein können, wie die Früchte der Natur? Diese enthalten niemals nur ein Vitamin, sondern unzählige verschiedene Nähr- und Vitalstoffe, die im Zusammenspiel dafür sorgen, dass der Körper sie auch verwerten kann. Nur die Natur bietet Nähr- und Vitalstoffe in einem Verhältnis an, an das sich der Mensch im Zuge der Evolution gewöhnt hat und damit bestens verwerten kann.

Keine Ausreden

Schieben Sie die Verantwortung für Ihre Fitness nicht auf die Pharma- und Nahrungsmittelindustrie. Kaufen Sie stattdessen bewusst frische, gesund erhaltende und damit leistungsfördernde Lebensmittel.

Keine der chemisch isolierten Mineralstoffe, Spurenelemente oder Vitamine können das leisten, was die Natur schafft. Kürbiskerne sind Zinktabletten himmelweit überlegen. Warum also Zinktabletten schlucken? Streuen Sie sich für Ihre tägliche Zinkration lieber ein paar Kürbiskerne über Ihr frisches Körnermüsli, Zubereitungsvorschläge finden Sie im Kapitel »Vitale Rezepte für den Läufer« (siehe Seite 87 ff.).

Was spricht Sie, liebe Leserin, lieber Leser mehr an? Tocopherole aus Vitamin-E-Kapseln oder ein kalt gepresstes Olivenöl? Wenn Sie die Kapsel wählen, dann legen Sie das Buch besser zur Seite. Doch wenn Sie es vorziehen, als Begleitung zu einem knackigen Blattsalat, frisches Vollkornbrot in Olivenöl zu dippen, dann sind Sie bei mir genau richtig. Auch so bekommen Sie eine zusätzliche Ration Vitamin E und wertvolle essenzielle mehrfach ungesättigte Fettsäuren gleich mit dazu.

Schwieriger Durchblick in einem verwirrendem Informationsangebot

Es ist heutzutage theoretisch sehr einfach, sich über Ernährung zu informieren. Jede Zeitschrift, jeder Fernsehkanal und unzählige Bücher haben Ratschläge und Expertentipps für das Ess- und Trinkverhalten parat. Und in der Ernährungsbranche tummeln sich gleich mehrere »Oberhäupter«, z. B. der »Fitnesspapst«, der »Vitaminpapst« oder der »Vollwertpapst«. Gerade wenn es um das Thema Abnehmen geht, überschlagen sich die Spezialisten mit gut gemeinten Tipps. Ein Wunder, dass es immer mehr Menschen mit ernährungsbe-

Unbehandelte Gemüse sind nicht mit Insektiziden und Pestiziden belastet.

dingten Krankheiten wie Fettleibigkeit oder Diabetes gibt. Fantastisch klingende Diäten, wie Forever Young, Low Carb, Kohlsuppendiät, sind im Umlauf – und scheinbar keine hält ihr Versprechen. Besonders beliebt sind englische Begriffe. Metabolic Balance klingt ja auch attraktiver als: »Ich mache eine Diät, die sich um einen ausgeglichenen Stoffwechsel bemüht.« Dabei ist Abnehmen so einfach. Bei einer vollwertigen Ernährung und regelmäßigem Lauftraining stellt sich das Wunschgewicht ein – dauerhaft und ohne Jojo-Effekt. Für den Konsumenten besonders verwirrend, widersprechen sich auch noch viele der beworbenen Diät- und Kostformen. Die eine propagiert Eiweißshakes, die andere warnt vor Eiweißmast. Der eine Autor empfiehlt Getreideprodukte zu jeder Mahlzeit, der andere warnt vor Brot. Erst war Fett der Übeltäter, neuerdings stehen die Kohlenhydrate unter Generalverdacht. Eine Orientierung ist trotz dieser Informationsflut schwierig.

Was ist wo drin?

Ähnliche Verunsicherung schaffen Beiträge über einzelne Obst- oder Gemüsearten. In den Medien werden immer wieder besondere Eigenschaften hervorgehoben und mit den jeweiligen Inhaltsstoffen begründet. Beispielsweise, dass in Brokkoli Folsäure und Chlorophyll enthalten seien, die beide krebshemmend wirken. Keiner von uns will an Krebs erkranken. Heißt das also, dass wir darauf achten sollten, möglichst viele Nahrungsmittel mit Folsäure zu essen? Wenn ja, wie erfahre ich dann, worin das Vitamin enthalten

Die Summe zählt nicht

Lebensmittel sind mehr als die Summe ihrer Nähr- und Vitalstoffe. Ein Stoff – eine Wirkung. So funktioniert Ernährung nicht. Mit der Zusammenstellung einzelner Wirkstoffe in Pillenform, kann man die harmonische Wirkung eines Lebensmittels nicht erreichen.

ist? Wäre es nicht einfacher, Folsäure als Nahrungsergänzungsmittel einzunehmen? Vielleicht noch ergänzt mit Vitamin C und E, denn auch diese Vitamine sollen freie Radikale bekämpfen und so vor Krebs schützen? Und haben nicht gerade Läufer viel mit freien Radikalen zu kämpfen?

Zu wissen was man isst, halte ich für sehr wichtig. Denn Sie sollten zwischen Lebensmitteln, die Sie zum Leben brauchen, und Nahrungsmitteln, die Sie zwar essen können, die aber nicht immer gesund sind, unterscheiden können. Aber stellen Sie keinesfalls Ihre Ernährung mit dem Taschenrechner zusammen, sondern vertrauen Sie der umfassenden Wirkung einer abwechslungsreichen vitalstoffreichen Ernährung.

Wichtiger als die Kenntnis darüber, welche Vitalstoffe ein Lebensmittel enthält, ist es zu wissen, wie diese zerstört werden können. Denken Sie daher daran, dass beim Kochen von Gemüse bis zu 60 Prozent der Vitamine zerstört werden, dass Eiweiße bei über 43 °C denaturieren und auch dass biologische Produkte nicht mit Kunstdünger hochgezüchtet oder mit Insektiziden und Pestiziden belastet sind.

Ernährungsphilosophie als Visitenkarte

Für viele Menschen ist das Essverhalten Ausdruck ihres Lebensstils. Sie trinken erlesene Weine, essen nur die Filetstücke vom Rind und den Käse kaufen sie in ausgezeichneten Fachgeschäften. Sie geben viel Geld für Nahrung aus und es kommt ihnen dabei niemals in den Sinn, dass trotz aller Frische und Qualität der gewählten Produkte, ihr Nahrungsmittelkonsum für manche Krankheit oder sportliche Minderleistung verantwortlich sein könnte. Auch aus ideologischen Gründen wird der Speiseplan gestaltet. So lehnen zum Beispiel Veganer, meist aus ethischen Motiven, tierische Produkte ab. Hier machen sie keine Ausnahme und vermeiden strikt Fleisch, Eier, Milchprodukte sowie Honig, ebenso alle Erzeugnisse, in denen tierische Teilprodukte verarbeitet wurden.

Einfach mal ausprobieren

Außerdem wird das Ernährungsverhalten westlicher Nationen immer mehr von asiatischen Lehren beeinflusst. Die Anhänger der makrobiotischen Küche vermuten energetische Eigenschaften (Yin und Yang) in der Nahrung und essen viele Körner, insbesondere Reis. Auch ayurvedische Kochkurse erfreuen sich immer größerer Beliebtheit. Vielleicht werden Sie einmal sagen »Ich bin ein Vollwertköstler« und damit Ihren Lebensstil ausdrücken. Bewusst, natürlich, vollwertig und abwechslungsreich genießen – passt das zu Ihnen? Probieren Sie es einfach mal aus. Dieses Buch hilft Ihnen, den Einstieg zu meistern. Auch der Umstand, dass mit Ernährung Geld verdient wird, macht die Orientierung nicht gerade einfacher. Auch ich lebe von meiner Arbeit als Autor, Trainer, Sport- und Gesundheitsberater und habe ein Interesse, Gehör zu finden. Doch meist sind die anderen lauter. Fastfood-Ketten, Lebensmittelkonzerne und Verbände sind die lautesten und beeinflussen uns, ob wir es wollen oder nicht. Dass Milch Kalzium enthält und der älteste Fitnessdrink der Welt sei, dass Schokoriegel Pausensnacks sind, dass Weizenbier isotonisch ist und dass man nach dem Marathon isotonisch trinken soll, das lernen wir aus der Werbung. Manchmal ist unser kritischer Verstand sogar in der Lage diese Aussagen als Reklame zu identifizieren. Doch wer vermutet schon hinter wissenschaftlichen Arbeiten eine Propaganda?

Ein gefundenes Fressen für die Wissenschaft

Jede wissenschaftliche Studie muss finanziert werden. Universitäten, Fachhochschulen und Forschungsinstitute sind ständig auf der Suche nach Sponsoren und lukrativen Aufträgen. Und so werden Studien zur Wirksamkeit von Schokolade, Kaffee oder Wein ganz gezielt von der Wirtschaft in Auftrag gegeben, um einen Beleg für eine ganz bestimmte Wirksamkeit zu finden. Später hören wir dann, dass dunkle Schokolade Flavonoide enthält, dass ein Gläschen Rotwein am Abend vor Herzinfarkt schützen soll und dass Espresso den Magen weniger angreift als Brühkaffee. Koffein soll Sportler beim Marathonlaufen sogar schneller machen. Wer liest das nicht gerne? Es ist bequem, an eben jene positiven Eigenschaften zu glauben, die überwiegend negativen Wirkungen von Schokolade, Rotwein und Kaffee außer Acht zu lassen und an seinen lieb gewonnenen Gewohnheiten festzuhalten.

Sind spezielle Sportlerprodukte ungesund?

Auch ich bin lange genug darauf reingefallen und habe vermehrt Produkte für Sportler konsumiert, die nicht nur gut schmecken, sondern gemäß Verpackungshinweisen leistungsfördernde Nebeneffekte haben sollten. Dass aber nicht alles Gold ist was mit der Verpackung so verführerisch glänzt, dass zum Beispiel konzentrierte Inhaltsstoffe den Stoffwechsel beeinträchtigen und damit die positiven Effekte zunichte machen könnten, habe ich nicht gewusst. Dies wurde weder in den Werbeversprechen noch in den Zitaten aus wissenschaftlichen Studien erwähnt. Ich war selbst lange Zeit ein unkritischer Konsument und habe Werbeslogans geglaubt. Ich habe jedoch an mir ganz persönlich festgestellt, bei meinen Kunden und in der Laufszene allgemein beobachtet, dass Magenprobleme bei Ausdauersportlern ein immer größer werdendes Phänomen darstellen. Mit »Läufermagen« bekam diese Zivilisationskrankheit von der Fachpresse inzwischen sogar einen Namen. Magenkrämpfe, Durchfall und plötzliche Leistungseinbrüche sind bei Leibe keine Seltenheit mehr, sondern kommen leider oft vor. Und das umso mehr, je länger die Ausdauerbelastungen und je mehr Nahrungsergänzungsmittel, Kohlenhydratdrinks, Power-Riegel und Energy-Gels konsumiert werden. Ein gutes Beispiel hierfür war der Ironman-Wettbewerb 2007 auf Hawaii. Viele verzichteten auf den Start oder gaben wegen Magen- und Darmproblemen auf.

Je länger ein Wettbewerb dauert, umso wichtiger ist die Sport- und Wettkampfernährung. Kein Wunder also, dass gerade Marathonläufer, Radsportler und Triathleten bei der Energieversorgung experimentierfreudig sind und gerne zugreifen, wenn Hersteller von Sportgetränken, Sportriegeln, Sportgels und Lutsch-

Beim Triathlon in Köln: persönliche Bestleistungen ohne Energy-Gel oder Power-Riegel

SPORT UND ERNÄHRUNG HEUTE

Die positiven Wirkungen einer vollwertigen Ernährung können Sie bald am eigenen Leib spüren.

dragees leistungsfördernde Wirkungen versprechen.
Wie gesagt, auch ich habe diese Produkte zu mir genommen, von den positiven Wirkungen leider nichts gespürt – aber oft mit Magenproblemen zu kämpfen gehabt. Erst als ich meine vollwertige Ernährung auch konsequent auf meinen Sport bezog, verschwanden meine Magenprobleme und sogar meine sportlichen Leistungen wurden durch den Verzicht auf diese Produkte besser. Ohne es geplant zu haben, erreichte ich persönliche Bestleistungen in mehreren Disziplinen. Und das nicht am Anfang meiner Sportkarriere, sondern nach vielen Jahren Erfahrung als Athlet und Trainer. Diesen Erfolg haben die Vitalstoffe bewirkt – nicht die Power-Riegel.

Gesundheit ist Erfahrungssache

Vollwertige Ernährung ist kein Produkt der Wissenschaft, sondern zunächst ein Ergebnis der Beobachtung und Erfahrung einiger weniger Pioniere. Gesunde Ernährung kann man bis heute nicht vollständig begründen, denn viele Nährstoffe sind noch gar nicht entdeckt. Und so waren, im Nachhinein betrachtet, viele Ernährungslehren der Vergangenheit schlichtweg falsch und ungesund.
So wurde zum Beispiel, bis vor nicht allzu langer Zeit, der Wert der Nahrung nur auf seinen Energiegehalt reduziert, in Kalorien gemessen und geglaubt, dass ein Auszugsmehl ohne Keim und Faserstoffe (Ballaststoffe) wertvoller sei, als Vollkorngetreide. Heute ist man in diesem Punkt schlauer. Viele der heute unter dem Begriff »sekundäre Pflanzenstoffe« zusammengefassten und immer populärer werdenden Wirkstoffe sind noch gar nicht so lange bekannt und weitere Stoffe werden hinzukommen.
Es gehört mehr dazu, um zu verstehen, warum eine Ernährungsform gut ist und eine andere nicht. Ernährung ist mehr als die Summe ihrer Nähr- und Vitalstoffe. Wenn diese so einfach zu bestimmen wäre, dann könnten alle Ernährungsprobleme der Welt, Unter- wie Überversorgung, von der Naturwissenschaft und Chemieindustrie gelöst werden. Doch während Wissenschaftler den Menschen bis in seine kleinsten Zellen hin analysieren und chemisch bestimmen können, reicht alles Wissen der Welt nicht aus, um Leben zu erschaffen. Gesundheit und Leben kann man im Labor nicht schaffen.

Naturheilverfahren als Ergebnis von Erfahrungswerten

- Samuel Hahnemann (1755–1843), der Begründer der Homöopathie, hat an sich selbst durch Ausprobieren Erfahrungen gesammelt und diese an seine Patienten weitergegeben. Die Homöopathie ist bis heute noch nicht abschließend erforscht und wird daher von manchem Schulmediziner als unwissenschaftlich abgetan. Aber sie wirkt und wird zunehmend auch von den Krankenkassen anerkannt.
- Aus der Not heraus hat der Nichtmediziner Pfarrer Sebastian Kneipp (1821–1987) seine Tuberkuloseerkrankung durch kalte Bäder in der Donau selbst kuriert, bevor er über Wasseranwendungen weiter forschte und zu einem angesehenen Naturheiler wurde. Er hatte ganz konkrete Vorstellungen von gesund erhaltender Ernährung, die der vollwertigen Kost schon sehr nahekamen.
- Auch die immer populärer werdende Kräuterheilkunde resultiert aus jahrtausendealten Überlieferungen. Selbst die Pharmaindustrie macht sich diese zunutze, indem sie Kräuter verwendet oder deren Wirkungsweise zur Entwicklung von neuen Medikamenten betrachtet.
- Dr. Max Otto Bruker (1909–2001) war ebenfalls kein Wissenschaftler. Doch der Allgemeinmediziner hat in seinen Kliniken vielen Tausend Patienten mit vollwertiger Kost zur Genesung verholfen. Er hat sich zunächst auf seine eigenen Erfahrungen und Beobachtungen verlassen, sich aber auch mit den Erkenntnissen anderer Vollwert-Pioniere beschäftigt.

Werden Sie kreativ

Experimentieren auch Sie nach Lust und Laune. Sie werden schnell Erfahrungen sammeln und immer mehr von den positiven Wirkungen dieser Ernährung begeistert sein.

Machen auch Sie Ihre eigenen Erfahrungen. Erfahren Sie am eigenen Leibe, wie es Ihnen immer besser geht, wie Ihre Leistungsfähigkeit zunimmt und wie kleine oder große gesundheitliche Probleme allmählich verschwinden. Wichtig ist, dass Sie sich auf die hier vorgestellte vollwertige Ernährungsweise ohne Vorbehalte einlassen. Probieren und experimentieren Sie, geben Sie Ihren Sinnen eine Chance sich zu entwickeln. Seien Sie auch offen dafür, dass Ihnen nach einigen Wochen Vollwerterfahrung manche Zutaten schmecken werden, die Sie heute möglicherweise noch ablehnen.

Geben auch Sie Ihre Erfahrungen mit der vollwertigen Ernährung bei Lauftreffs weiter.

Die Entwicklung der Ernährung

Auch die Bekömmlichkeit ist sehr entscheidend für den Erfolg der Ernährung. Mögliche Unverträglichkeiten, die zu Beginn der Umstellung auf eine vitalstoffreiche Kost auftreten können, werden sich mit der Zeit deutlich bessern. Dies umso mehr, je konsequenter Sie sich umstellen und je länger Sie sich vollwertig und ursprünglich ernähren. Zur Erklärung dieser Tatsache lohnt ein Blick zurück.

Der beste Ratgeber zur Beantwortung der Frage nach der richtigen Ernährung, ist die Betrachtung der Evolution des Menschen: Wie sind wir zu dem geworden was wir sind? Der heutige Mensch, der Homo sapiens, und seine Vorfahren haben sich über Millionen von Jahren auf sich langsam verändernde Lebensbedingungen angepasst, sind mit der Ernährung ausgekommen, die ihnen die Natur geboten hat. Alle Organe und der gesamte Stoffwechsel haben sich darauf spezialisiert, die von der Natur gegebene Nahrung zu verdauen und deren Nähr- und Vitalstoffe für den Energie- und Baustoffwechsel und damit für die Gesunderhaltung zu nutzen.

Vor acht bis zwei Millionen Jahren ernährten sich die Vormenschen überwiegend von pflanzlicher Rohkost. Früchte, Wurzeln, Samen und Blätter standen auf dem Speiseplan. Wahrscheinlich kam in dieser Zeitspanne tierische Kost nur in Form von Kleinstlebewesen wie Insekten vor.

Seit ca. zwei Millionen Jahren sprechen wir vom Urmenschen, den wir hinsichtlich seines Ernährungsverhaltens auch als Sammler und Jäger bezeichnen können. Auch in dieser Zeit stand rohe pflanzliche Kost im Vordergrund, auch wenn die tierische Nahrung an Bedeutung gewann. Ob der Mensch zur Jagd gegangen ist oder sich mit wilden Tieren um das Aas gestritten hat, in diesem Punkt sind sich die Historiker nicht einig. Doch wie oft werden die Urmenschen wohl Fleisch verzehrt haben? Sicher nicht täglich, wie heute bei den meisten Menschen üblich. Unbestritten ist aber, dass mindestens 80 Prozent der Nahrung unserer Urahnen rein pflanzlicher Herkunft war. Ungefähr vor 500 000 Jahren haben die Menschen gelernt, das Feuer zu beherrschen. Allmählich wurden auch Erfahrungen mit dem Erhitzen von Fleisch und roh ungenießbarem Gemüse gemacht.

Vor etwa 10 000 Jahren begann das Zeitalter des Ackerbaus, in dessen Folge vor ungefähr

Tiermilch – ein Risikofaktor

Die 6000 Jahre lange Erfahrung mit zunehmendem Milchkonsum war für die Evolution definitiv zu kurz, um den Menschen an dieses unnatürliche Ernährungsverhalten anzupassen. Dies belegt auch die immer häufiger diagnostizierte Milchzuckerunverträglichkeit (Laktoseintoleranz). Dies ist eine ganz natürliche Abwehrreaktion des Körpers, der damit signalisiert: Lass die Tiermilch weg! Dazu mehr im Abschnitt »Milch und Milchprodukte« (siehe Seite 58 f.).

6000 Jahren auch die Viehhaltung zunahm. Tiere zu zähmen und zu züchten war einfacher als die ständige Jagd. Der Fleischkonsum stieg an und Tiermilch wurde zunehmend auch als Nahrungsmittel verwendet.

So ernähren wir uns heute

In den letzten 200 Jahren gab es durch die Konservierungsmethoden, industrielle Weiterverarbeitung, Massentierhaltung und Isolierung einzelner Nährstoffe extreme Veränderungen unserer Lebensmittel. Noch nie in der Geschichte der Menschheit haben sich die Essgewohnheiten derart radikal verändert. Die Nahrung wurde immer energiereicher, aber immer ärmer an wichtigen Vitalstoffen wie Mineralstoffen, Vitaminen, Faserstoffen (Ballaststoffen), Enzymen und sekundären Pflanzenstoffen. Das Nahrungsmittelangebot ist so groß wie nie zuvor, die tägliche Ernährung war noch nie so schlecht.
Wie oft verzehren wir Lebensmittel, deren Inhaltsstoffe eine Erfindung der Neuzeit sind und die unser Körper gar nicht gelernt hat zu verstoffwechseln? Schauen Sie in die Einkaufskörbe im Supermarkt. Dort sehen Sie hauptsächlich Würstchen im Glas, Schokoriegel, Fruchtjoghurts, helle Brötchen, süßes Gebäck, Cola und Limonadengetränke. Auf keines dieser Nahrungsmittel sind unsere Verdauungsorgane geeicht. Dafür bekommen sie es mit künstlichen Aromen, Stabilisatoren oder anderen synthetisch erstellten Lebensmittelzusatzstoffen zu tun. Diese mag die Wissenschaft zwar für unbedenklich halten, dennoch kennen unsere Verdauungsorgane sie nicht und haben folglich Schwierigkeiten, diese zu verwerten. Von Umweltgiften ganz zu schweigen. Niemand sollte Pestizide verharmlosen, nur weil der Mensch von einem gespritzten Apfel nicht gleich tot umfällt. Die Summe der Ernährungsfehler ist das Problem, nicht der Einzelfall.

Die Regel der 20 Jahre

Ernährungsfehler wirken mit vielen Jahren Verzögerung. Und genau das ist das Problem. Es dauert mitunter sehr lange, bis wir die Auswirkungen mangelhafter Nahrung zu spüren bekommen. Die englischen Forscher Cleave und Campbell stellten mit ihren Forschungen schon 1966 fest, dass zwischen Ernährungsfehlern und dem Auftreten daraus resultierender Krankheiten ein Verzögerungsfaktor von 20 Jahren liegt. Dieser Zeitraum verschleiert die wahren Krankheitsursachen. Cleave und Campbell stellten fest, dass oft mindestens 20 Jahre lang der Konsum von raffinierten Kohlenhydraten vorausgeht, ehe Krankheiten wie Diabetes, Herzinfarkt, Fettsucht, Magen- und Zwölffingerdarmgeschwüre oder Krampfadern spürbar auftreten. Diese Erkenntnis wurde als »Regel der 20 Jahre« bekannt.
Auch Sportler betrifft die 20-Jahre-Regel. Die meisten Erkrankungen des Bewegungsapparats sind ernährungsbedingt. Bandscheibenvorfälle, Achillessehnenbeschwerden und Arthrosen sind die Folgen jahrelanger Mangelernährung. Wenn der Stoffwechsel durch die erhöhte Zufuhr denaturierter Kohlenhy-

drate gestört ist, kann sich der Knorpel im Gelenk nicht schnell genug erneuern. Irgendwann ist er zu dünn, es kommt zu Reibungen der Knochen und irreparablen Schäden. Das muss nicht sein, wenn Sie mit vollwertiger Kost Ihren Baustoffwechsel unterstützen und den Verschleiß Ihrer Organe verhindern.
Ist Ihnen aufgefallen, dass die Verletztenlisten der Fußball-Bundesliga-Vereine in den vergangenen Jahren immer länger werden? Das kannte man früher nicht, da haben die Leistungsträger jahrelang ununterbrochen für ihren Club auf dem Feld gestanden, ohne Knie-, Knochen-, Knorpel- und Bänderschäden. Heute, wo die Nationalmannschaft Werbung für Kuhmilch und Nuss-Nougat-Creme macht, ist das anders. Alles Zufall, oder was? Die heutigen Profis sind mit der üblichen Zivilisationskost groß geworden. Die meisten von ihnen werden sich ihr Leben lang mit Marmelade- und Honigbroten, Convenience Produkten, Fastfood und anderer Industriekost zufriedengegeben haben.

Die meisten Erkrankungen des Bewegungsapparates haben ihre Ursache in falscher Ernährung.

Natürlich gibt es auch Ernährungsfehler, die sich schneller bemerkbar machen. Es sind nicht immer die großen Krankheiten die Sportler quälen. Dehydrierung beim Wettkampf, Hungerast beim Training, Magenkrämpfe und Durchfall oder einfach nur mangelnde Leistungsfähigkeit sind unmittelbare Folgen von Fehlernährung.

Höhere Lebenserwartung – häufigere Erkrankungen

Wenn aber die Nahrung in den letzten 200 Jahren immer schlechter geworden ist, wie kommt es dann, dass die Menschen in Deutschland immer älter werden? Die Gründe für die statistisch gestiegene Lebenserwartung sind in der erfolgreichen Behandlung von Infektionskrankheiten wie Cholera oder Pocken, der sinkenden Säuglingssterblichkeit, den verbesserten wirtschaftlichen Lebens- und Hygienebedingungen und der verbesserten Notfall- und Reparaturmedizin zu finden. Allerdings werden die Menschen immer häufiger und vor allem immer länger krank als früher.
Um das zu glauben brauchen Sie nur mal einen Blick in die Arztpraxen werfen. Die sind alle voll. Und dabei gibt es in Deutschland rund 220 000 niedergelassene Ärzte. Wenn wir mal annehmen, dass wirklich jeder der 82 Millionen Bundesbürger einmal jährlich zum Arzt ginge, dann wären dies bei 250 Werktagen im Jahr ein bis zwei Patienten am Tag. Doch was erwartet uns beim Arzt? Volle Wartezimmer und lange Wartezeiten. Die Menschen werden immer kränker und gehen immer häufiger zu einem Mediziner.

Vollwertige Ernährung damals und heute

Um den oben beschriebenen Tendenzen entgegenzuwirken, entwickelten verschiedene Forscher im Lauf der letzten 110 Jahre die vollwertige Ernährung. Von dieser kann jeder – und wir Sportler doppelt und dreifach – profitieren. Denn nur wer sich vollwertig ernährt, kann auch volle körperliche und geistige Leistung erbringen.

Als »vollwertige Ernährung« und »Vollwertkost« wird heute vieles bezeichnet. Häufig haben die Autoren unterschiedliche Auffassungen oder konkurrieren sogar untereinander. Das ist nicht zu vermeiden und nicht schlimm, solange sie sich auf die grundlegenden Erkenntnisse der nachfolgend vorgestellten Pioniere Bircher-Benner und Kollath beziehen. Gefährlich und verwirrend für den Verbraucher wird es aber, wenn die Industrie den Begriff »vollwertig« als Werbung für Ihre Produkte missbraucht, denn industriell verarbeitet, kann nie vollwertig sein.

Bei meinen Ratschlägen zur vollwertigen Ernährung und bei der Entwicklung der »Vitalen Läuferkost« habe ich mich stark an den Empfehlungen der Gesellschaft für Gesundheitsberatung (GGB) e.V. und des Verbandes für Unabhängige Gesundheitsberatung (UGB) e.V. orientiert.
Beide Vereine haben sich in den letzten 30 Jahren in der Aufklärung und Wissensvermittlung über die Zusammenhänge von Gesundheit und Ernährung sehr verdient gemacht und bilden Gesundheitsberater aus.

Die Begründer der »Vollwertkost«

- Vater der vollwertigen Ernährung war der Schweizer Arzt Maximilian Otto Bircher-Benner (1867–1939), vielen als Erfinder des Bircher-Müslis bekannt. Schon er empfahl die pflanzliche Rohkost und hielt erhitzte Pflanzenkost für weniger wertvoll.
- Prof. Werner Kollath (1892–1970) veröffentlichte 1942 die »Ordnung unserer Nahrung« und teilte diese in sechs Wertstufen ein, die absteigend weniger wertvoll seien. Die ersten drei nannte er Lebensmittel und wertete sie als »Mittel zum Leben«, also lebenswichtig. Die anderen drei Stufen bezeichnete er in Abgrenzung zu Lebensmitteln als Nahrungsmittel, auf die der Mensch gut verzichten könne.
- Dr. Max Otto Bruker bezog sich auf Bircher-Benner und Kollath, machte deren Erkenntnisse bekannt und entwickelte daraus die »Vitalstoffreiche Vollwertkost«. Er gründete 1977 die GGB e.V.
- Ebenfalls auf Kollath und Bircher-Benner bezieht sich der Zahnarzt Dr. Johann Georg Schnitzer, der seine Ernährungslehre »Schnitzer-Intensivkost- bzw. -Normalkost« nennt. Er ist manchen als Namensgeber der Schnitzer-Getreidemühlen bekannt und hat mit seinem Feldversuch »Aktion Mönchsweiler« die vollwertige Ernährung ins öffentliche Interesse gerückt.
- Prof. Claus Leitzmann veröffentlichte schon 1981 zusammen mit Thomas Männle und Karl von Koerber das Buch »Vollwert-Ernährung«. Leitzmann ist Ernährungswissenschaftler, lehrt an der Universität Gießen und war Mitgründer der UGB e.V.

Vollwertige Ernährung – so wirkt sie

Bevor ich Ihnen in den folgenden Kapiteln erkläre, wie die Vitale Läuferkost funktioniert, was genau dazu gehört und welche Nahrungsmittel Sie lieber meiden sollten, möchte ich Ihnen zunächst vermitteln, was sie bei Ihnen bewirken kann. Vollwertige Ernährung macht Sie fit und fördert die Gesundheit, sie unterstützt die Genesung nach einem Krankheitsfall und die Regeneration nach hartem Training. Sie werden im Alltag und beim Sport leistungsfähiger – mental wie körperlich.

Im Alltag, Beruf und Sport belastbarer

Die meisten, die sich einer vollwertigen Ernährung zuwenden, tun dies um abzunehmen, im Sport leistungsfähiger zu werden oder die Gesundheit zu verbessern. Nach der Umstellungsphase stellen viele von ihnen fest, dass sie ruhiger, gelassener und stressresistenter sind und damit im Alltag, Beruf und Sport vitaler und belastbarer. Konzentrationsschwäche, schnelle Ermüdung und schlechte Laune treten immer seltener auf.

Unser Gehirn macht zwar nur ca. zwei Prozent des Körpergewichtes aus, es verbraucht aber einen Großteil der Energie, die wir mit der Nahrung aufnehmen. Vorübergehendes Nachlassen der Gehirnfunktionen liegt oft an einem Mangel an Nähr- und Vitalstoffen. Ob Sie lange konzentriert arbeiten können oder schnell müde werden, ob Sie gut oder schlecht gelaunt sind, all dies hat viel mit dem zu tun, was Sie essen.

Ihre Nahrung hat unmittelbaren Einfluss auf die Gehirnzellen und deren Funktionstüchtigkeit. Durch eine vollwertige Ernährung werden Sie geistig fitter. Das liegt sowohl am Weglassen schädlicher Nahrungsmittel als auch an den positiven Auswirkungen vollwertiger Lebensmittel auf das Gehirn.

Durch Vollwerternährung ist man im Alltag und beim Sport belastbarer.

Den Stoffwechsel optimieren

Einerseits werden Sie minderwertige Nahrung wie Sportgetränke und Limonaden, Alkoholika, Fertiggerichte, stark gesüßte und gesalzene Speisen, Produkte aus Auszugsmehl oder konzentriertem Zucker, gehärtet Fette und andere Industrienahrung bestmöglich meiden und den Verzehr von tierischen Fetten und Eiweißen in Form von Fleisch, Fisch, Eiern und Milchprodukten stark einschränken. Andererseits werden Sie den Verzehr von Vollkornprodukten, Frischkost aus rohem Obst, Gemüse, Salaten und Nüssen deutlich erhöhen und als Durstlöscher hauptsächlich Wasser verwenden.

Diese Ernährungsform belastet Ihre Verdauungsorgane nicht und stellt dem Organismus ein Optimum an Nähr- und Vitalstoffen zur Verfügung. Ihr Stoffwechsel arbeitet viel effektiver, sodass Sie weniger Schlaf benötigen, der jedoch tiefer und erholsamer ist. Sie sind morgens wacher und leistungsfähiger und kommen schneller und besser in den Tag hinein. Und dann kommt es auf das Frühstück an. Anders als unsere Muskeln kann das Gehirn keine Energie speichern und ist damit auf den ständigen Nachschub über die Nahrung angewiesen. Gerade Obst und Nüsse versorgen Ihr Gehirn nachhaltig mit Energie, was zu einer erhöhten Aufmerksamkeit und nachlassender Müdigkeit führt. Klar, dass die Müslivariationen, die wir im Rezeptteil (siehe ab Seite 88) vorstellen, den optimalen Start in den Tag für Sie darstellen.

Wassermangel vermindert die Konzentrationsfähigkeit. Das Blut dickt ein und die Versorgung des Gehirns mit Sauerstoff und Nährstoffen wird verschlechtert. Und es ist nicht der Kaffee, der Sie fit hält. Dies ist ein weit verbreiteter Irrglaube. Koffein puscht nur künstlich auf, ist eine »Krücke«, ohne die viele meinen, nicht leben zu können. Ein deutlicher Hinweis auf eine Abhängigkeit. Ich möchte, dass Ihr Gehirn auch ohne Krücken läuft und vollwertiges Essen, frisches Wasser und reichlich Sauerstoff sollen Ihre Grundlage dafür sein.

Die Abwehrkräfte stärken

Nie mehr krank. Dass kann ich Ihnen nicht versprechen. Unbestritten ist aber, dass eine vollwertige Ernährung ein Garant für ein stabiles Immunsystem ist.

Ausdauerlaufen und vollwertige Ernährung stärken auch Ihr Immunsystem.

So sind häufige Infektionskrankheiten ein Indiz für schwache Abwehrmechanismen. Mehr noch als starke psychische und physische Belastungen (Stress) schwächt ein Mangel an Nähr- und Vitalstoffen das Immunsystem. Wenn mehrere Faktoren zusammentreffen, wie intensive berufliche Belastung, hartes Training und mangelhafte Ernährung, werden die Abwehrkräfte geschwächt und Viren und Bakterien haben leichten Zugang in den Körper. Dieser Effekt wird daher auch Open Window genannt. Infekte sind die Folge.

Kind durchzusetzen. Unwissend und machtlos leisten sie mit ihrem Verhalten den ernährungsbedingten Krankheiten ihrer Kinder Vorschub. Doch diese treten, wie eingangs beschrieben, erst später auf, wenn die Kinder schon lange aus dem Haus sind.
Sie hingegen zeigen als Leser dieses Buches, dass Sie die Verantwortung für Ihre Gesundheit, geistige und sportliche Leistungsfähigkeit selbst übernehmen, und ich kann Sie nur herzlich motivieren, Ihre Überzeugung auch im Familienkreis weiterzugeben.

Mehr Power durch Vitalstoffe

Durch eine vitalstoffreiche und vollwertige Ernährung stärken Sie Ihre Abwehrkräfte und minimieren das Risiko, an Infektionen zu erkranken. Es sind nicht die Vitaminkapseln, die Sie fit machen, sondern die Vitalstoffe in natürlicher Form, die in der Natur niemals isoliert oder überdosiert vorkommen. Und nur in der Synergie mit allen anderen natürlichen Inhaltsstoffen der Lebensmittel erzielen sie ihre volle Wirkung.

Mit vollwertiger Ernährung werden Sie definitiv seltener krank. Die meisten Erkältungswellen im Sommer oder Winter rauschen spurlos an Ihnen vorbei. In der Schule meines Sohnes lässt sich dies sehr gut beobachten: Nicht die Obst- und Müslifraktion hat die meisten Fehltage, es sind die Marmeladen- und Nuss-Nougat-Kinder, die häufiger wegen Krankheit in der Schule fehlen. Doch leider sind viele Eltern nicht konsequent genug, um sich gegen das einmal in Essensangelegenheiten falsch erzogene und auf Süßes getrimmte

Keine »Sportverletzungen« mehr

Da auch die meisten Erkrankungen des Bewegungsapparats direkte oder indirekte Folgen von Ernährungsfehlern sind, leiden Menschen, die sich vollwertig ernähren, trotz intensiven Sporttreibens seltener an Muskel-, Sehnen- oder Knochenbeschwerden. Dies liegt zum einen daran, dass sie ein Normal- oder Idealgewicht halten, das die Gelenke nicht übermäßig belastet. Zum anderen sorgt der Baustoffwechsel für eine immerwährende Erneuerung der Körperzellen. Der sogenannte Verschleiß kommt – Extremsportarten wie Bodenturnen, Gewichtheben, Mehrfach-Ironman mal ausgenommen – nicht durch die sportliche Beanspruchung. Allein die mangelhafte Zufuhr wichtiger Nähr- und Vitalstoffe, bei gleichzeitiger übermäßiger Zufuhr von isolierten Kohlenhydraten sind hierfür die Auslöser.

Eine vollwertige Ernährung gibt Ihnen mehr Energie und Lebensfreude.

Die Verdauung läuft auf Hochtouren

Durch den hohen Anteil lebendiger Nahrung, der Frischkost, ist eine gesunde Verdauung mit regelmäßigem Stuhlgang für sich vollwertig Ernährende etwas ganz Normales. Verdauungsstörungen sind das Ergebnis fehlerhafter Ernährung und innerhalb weniger Tage nach Umstellung auf vollwertige Kost behoben.

Enzyme in der Frischkost – essen Sie Leben

Häufiger habe ich schon auf die Enzyme als Vitalstoffe in der Nahrung hingewiesen. Es ist aber auch wichtig zu verstehen, was die körpereigenen Enzyme bewirken. Enzyme sind winzige Eiweißstoffe. Sie dienen als Biokatalysatoren für alle chemischen Abläufe in der Zelle und bei der Verdauung. Die Enzyme selbst gehen unverändert aus den chemischen Reaktionen hervor und können somit viele Reaktionen hintereinander auslösen. Ohne die eiweiß-, fett- und kohlenhydratspaltenden Verdauungsenzyme gibt es keinen Stoffwechsel. Darunter versteht man alle chemischen Reaktionen im Körper, wenn Nahrung in körpereigene Materie umgewandelt wird. Und ohne Stoffwechsel und gibt es kein Leben.

Damit die Enzyme funktionieren, brauchen sie viele Vitamine und Mineralstoffe. Essen Sie daher lebendige Nahrung, in der sämtliche Vitalstoffe, auch Enzyme, Vitamine und Mineralstoffe reichlich vorkommen. Wenn Sie beispielsweise einen frischen Apfel in die Erde eingraben und mit Wasser gießen, entsteht irgendwann ein prächtiger Baum daraus. Ein Stück Apfelkuchen hat keine Vitalstoffe mehr, ist somit unvergleichlich wertloser für den Menschen als ein lebendiger Apfel.

Durch den reichlichen Verzehr lebendiger Nahrung werden alle Nähr- und Vitalstoffe geliefert, die der Organismus für einen reibungslosen Stoffwechsel braucht. Klar, dass Menschen, die sich vollwertig ernähren, eine gute Verdauung haben.

Die Verdauung beginnt im Mund

Je gründlicher Sie kauen, umso schneller erfolgt die Energiebereitstellung für den Organismus. Durch das Zerkleinern der Nahrung und das Einspeicheln wird der Verdauungsprozess bereits im Mund begonnen. Wenn die Verdauung problemlos funktioniert, hat das gleich mehrere Vorteile. Zum einen belastet kein Völlegefühl den Magen- und Darmbereich. Zum anderen werden Nähr- und Vitalstoffe vollständig resorbiert und stehen dem Bau- und Energiestoffwechsel schneller zur Verfügung. Um das zu verstehen, sollten Sie sich den Vorgang der Verdauung einmal etwas genauer veranschaulichen. Auf der folgenden Seite habe ich Ihnen alle Vorgänge während der Verdauung unserer Nahrung detailliert beschrieben.

Der Weg der Nahrung durch unseren Körper

- Die Verdauung beginnt im Mund. Im Mund wird die Nahrung mit den Zähnen zerkleinert und durch die Vermischung mit dem Speichel gleitfähig gemacht. Durch das im Speichel enthaltene Enzym Ptyalin beginnt bereits die Aufspaltung der Kohlenhydrate.
- Nach dem Schlucken wird der Speisebrei von der Mundhöhle durch die Speiseröhre mittels Muskelbewegung in wenigen Sekunden Richtung Magen befördert. Unterhalb des Zwerchfells, das den Brust- vom Bauchraum trennt, befindet sich der Magen, der ein Volumen von 1,5 bis 2 Litern fassen kann. Hier wird der Speisebrei gesammelt. Durch die Magensäure und das eiweißspaltende Enzym Pepsin beginnt hier die Verdauung des Eiweißes in der Nahrung. Auch die Aufspaltung der Kohlenhydrate durch die Vermischung mit dem Speichel geht weiter.
- Die vorverdaute Nahrung wird in kleinen Schüben durch den Magenpförtner in den sich anschließenden Zwölffingerdarm befördert. Hier hinein mündet der Gallengang. Die Leber produziert die Gallenflüssigkeit. Wenn diese nicht zur Verdauung fetthaltiger Speisen benötigt wird, fließt Sie zunächst in die Gallenblase und wird dort eingedickt.
- Auch die Bauchspeicheldrüse hat einen Ausgang zum Zwölffingerdarm (exokrin: äußere Sekretion). Der Saft der Bauchspeicheldrüse enthält eiweiß-, fett- und kohlenhydratspaltende Enzyme, die den Nahrungsbrei weiter verdauen. Die Bauchspeicheldrüse sondert aber auch das Insulin direkt in die Blutbahn ab (endokrin: innere Sekretion). Mit Hilfe des Insulins werden die in der Nahrung enthaltenen Kohlenhydrate, die zu Traubenzucker (Glucose) abgebaut wurden, in die einzelnen Körperzellen transportiert und im Muskel als Glykogen eingelagert.
- Der ca. 5 Meter lange Dünndarm, bestehend aus Zwölffingerdarm, Leerdarm und Krummdarm, ist der Hauptort der Verdauung und Aufnahme der Nahrungsbestandteile. Die Schleimhaut des Dünndarms ist mit zahllosen Zotten ausgestattet, die die resorptionsfähige Oberfläche auf bis zu 200 Quadratmeter vergrößern. Über die Blutkapillaren der Zotten werden Glukose, Aminosäuren und Fettsäuren resorbiert und über die Blutadern und Lymphwege in die Leber transportiert. Ferner wird dem Speisebrei ca. 80 Prozent des Wassers entzogen. Das sind etwa 9 Liter: 2 Liter Wasser aus der Nahrung und 7 Liter aus den Verdauungssekreten.
- Über eine Klappe, die ein Zurückfließen verhindert, wird der Speisebrei vom Dünndarm in den Dickdarm transportiert, wo weitere 19 Prozent des Wassers resorbiert werden und der Brei somit eingedickt wird. An den Dickdarm schließt der Enddarm an, der mit dem After sein Ende findet. Die Reste der Nahrung, die nicht verstoffwechselt werden konnten, werden unverändert ausgeschieden.

Das Wunschgewicht pendelt sich ein

Bei einer vollwertigen Ernährung essen Sie reichlich, auch Fette und Kohlenhydrate, die immer wieder an den Pranger gestellt werden. Doch nicht das Zu-viel-Essen macht dick. Es ist der qualitative Mangel an Nähr- und Vitalstoffen, der Übergewicht und Fettleibigkeit begünstigt. Während Diäten lästige Einschränkungen sind, bekommen Sie bei einer abwechslungsreichen vollwertigen Ernährung von allen wichtigen Lebensmitteln genug. Allein der Appetit und das Hungergefühl soll Ihre Mahlzeiten regulieren und nicht das Zählen von Kalorien. Das wird leichter, da Heißhunger auf Süßes oder Salziges bei Menschen, die sich vollwertig ernähren, im Normalfall nicht vorkommt.

Nur bei Sportlern kommen solche Verlangen hin und wieder auf – und sie sind auch gewollt. Im Anschluss an ein intensives Training signalisiert der Körper, dass seine Glykogenspeicher entleert sind und der Mineralstoffhaushalt ausgeglichen werden muss. Folglich müssen natürliche Kohlenhydrate und Vitalstoffe schnell und vor allem reichlich zugeführt werden.

Die Geschmacksnerven werden feiner

Sie werden Ihre Sinne neu schärfen, besonders Ihre Geschmacksnerven werden sensibler. Wenn früher Süßes nicht süß genug sein konnte, wenn Sie vormals selbst auf frische Erdbeeren noch Zucker gestreut haben, dann werden künftig allein die natürlichen Aromastoffe und die natürliche Süße der roten Früchte Ihre Sinne betören.

Das wiedererlangte natürliche Geschmacksempfinden wird dazu führen, dass Ihnen Früchte und Gemüsesorten, die Sie früher nicht mochten oder nur in gekochter und

Das Geschmackserlebnis eines selbst gemachten Fruchtmüslis ist fast nicht zu übertreffen.

stark gewürzter Form, plötzlich als Frischkost schmecken. Kochtopf, Zucker, Salz- und Pfeffer-Streuer werden immer seltener zum Einsatz kommen, neue Gelüste auf unverfälschte, natürliche Genüsse werden Sie erleben.

Bereits nach wenigen Monaten vollwertiger Ernährung werden Ihnen manche Speisen nicht mehr schmecken, die Sie früher gerne gegessen, vielleicht sogar geliebt haben. Gerade beim Kuchen könnte es Ihnen auffallen. Allerdings wird es Ihnen nicht immer gelingen, nur vollwertig zu essen. Manchmal werden die Umstände Sie nötigen, zum Beispiel der Höflichkeit halber im Familienkreis, eine Einladung zum Kuchenessen nicht auszuschlagen. Sie werden beispielsweise ein Stück Schwarzwälder Kirschtorte essen oder einen Reiskuchen ... und Sie werden enttäuscht sein. Zu süß, zu mächtig. Obwohl Sie früher vielleicht genau diese Art Kuchen so gemocht haben.

Neues Essvergnügen statt alter Rituale

Ähnliches wird Ihnen mit dem ehemals geliebten Marmeladen- oder Nuss-Nougat-Brötchen geschehen. Wer erst einmal ein halbes Jahr lang Vollkornbrot und Vollkornbrötchen gegessen hat, dem bringen die hellen Weißmehlbrötchen kein Geschmackserlebnis mehr. So mancher wird sich wundern und den Kopf bei dem Gedanken schütteln, dass dieses Frühstück bei ihm mal gang und gäbe war. Wenn Sie künftig täglich frisches Obst oder selbst gemachtes Müsli essen, dann wird es Ihnen fehlen, wenn Sie zu alten Frühstücksgewohnheiten zurückkehren müssen. Gerade Menschen im Außendienst können ein trauriges Lied davon singen, wie enttäuschend ein Frühstück in einem Hotel sein kann, wenn helle Brötchen, in Plastikbechern portionierte Marmelade und Aufschnitt-Platten mit Wurst und Käse auf einen warten, obwohl man lieber einen leckeren Obstsalat oder ein Frischkornmüsli gehabt hätte. Essen, das früher normal für Sie war, wird Sie künftig nicht mehr befriedigen.

Keine Angst vor einem kleinen »Ausrutscher«

Machen Sie sich keine Sorgen um Ihre Gesundheit, wenn Sie hin und wieder gezwungen sind, herkömmliche Zivilisationskost zu essen. Dies wäre zumindest im Hinblick auf die Entstehung ernährungsbedingter Krankheiten unbegründet. Es bedarf einer langen Zeit falscher Ernährung, um Krankheiten auszulösen. Wenn Sie sich grundsätzlich vollwertig und damit gesund ernähren, dann ist ein »Ausrutscher« kein Problem. Schlimmer als ein Mal von morgens bis abends minderwertige Zivilisationskost mit Auszugsmehlen, Industriezucker, gehärteten Fetten und künstlichen Aromastoffen zu essen, ist die tägliche »kleine Sünde«. Wer es nicht schafft, sich grundsätzlich von seinen Gummibärchen oder der Vollmilch-Schokolade zu trennen, wird dauerhaft seinen Stoffwechsel stören.

Vollwertige Ernährung – das ist drin

Die beste Ernährung für Läufer ist die gesunderhaltende, vollwertige Kost. Die Grundnährstoffe Kohlenhydrate, Fette und Eiweiße sind als Energielieferanten und Bausubstanzen für die menschlichen Körperzellen von wesentlicher Bedeutung. Doch ohne die Vitalstoffe aus natürlichen Lebensmitteln kann der Stoffwechsel nicht richtig funktionieren und die Gesundheit von Körper und Geist ist gefährdet. Daher stellen schmackhaftes Obst und Gemüse den Schwerpunkt einer vitalstoffreichen, vollwertigen Ernährung dar.

Die Grundnährstoffe in unserer Nahrung

Unsere Nahrung setzt sich aus Nährstoffen und Vitalstoffen zusammen. Unter Nährstoffen werden Stoffe zusammengefasst, die für den menschlichen Organismus als Energieträger und Baustoffe notwendig sind. Alle übrigen biologischen Wirkstoffe werden als Vitalstoffe zusammengefasst. Dazu zählen die Vitamine, Mineralstoffe, Spurenelemente, Faserstoffe (Ballaststoffe), Enzyme, Aromastoffe und sekundäre Pflanzenstoffe. Kohlenhydrate, Fette und Eiweiße sind für den Menschen insbesondere als Energielieferanten und Bausubstanzen für die Körperzellen von wesentlicher Bedeutung.

Die Kohlenhydrate

Alle Zucker und Stärkearten werden unter dem Begriff »Kohlenhydrate« zusammengefasst. Diese sind für Läufer wichtige Energieträger. Kohlenhydrate haben ihren Namen, weil sie aus Kohlenstoff (C) und Wasser (H_2O) bestehen. Da Zucker im Lateinischen Saccharum heißt, werden Kohlenhydrate auch als Saccharide bezeichnet.

Die verschiedenen Zuckerarten

Man unterscheidet Mono-, Di- und Polysaccharide, je nach Anzahl der verbundenen Zuckermoleküle.

- Monosaccharide, Fruchtzucker oder Traubenzucker, sind einzelne Zuckermoleküle, und werden daher Einfachzucker genannt. Diese kommen vor allem in Honig, Obst, Milch und Süßwaren vor.
- Disaccharide, Zweifachzucker, bestehen aus einem Teil Fruchtzucker und einem Teil Traubenzucker. Der normale Haushaltszucker ist ein Disaccharid, aber auch in Marmeladen, Limonaden, Süßigkeiten und sogenannten Sportgetränken ist reichlich Zweifachzucker enthalten.
- Polysaccharide, Mehr- oder Vielfachzucker, werden auch als langkettige Kohlenhydrate bezeichnet. Der bekannteste Vertreter ist Stärke, der zum Beispiel in Kartoffeln und Getreide vorkommt. Dabei ist interessant, dass diese Zucker nicht süß schmecken.

Bei der Verdauung der Kohlenhydrate kommt es zu einer Zerlegung in einfache Zuckerarten, Trauben- und Fruchtzucker, die letztlich bei ihrer Umwandlung in Energie in Wasser und

> **Nicht täuschen lassen!**
>
> Läufer müssen auf die ausreichende Zufuhr an Nähr- und Vitalstoffe achten. Ohne Vitalstoffe gibt es keinen funktionierenden Stoffwechsel. In den gängigen Sportzeitungen werden die Vitalstoffe meist nicht besprochen. Dies führt bei vielen Läufern zum Irrglauben, allein der Anteil von Kohlenhydraten, Fetten und Eiweißen mache eine Sportlernahrung aus.

Kohlensäure abgebaut und über Atem oder Urin ausgeschieden werden. Wie schnell die Nahrung verdaut wird, hängt davon ab, wie komplex die aufgenommenen Kohlenhydrate sind. Ein- und Zweifachzucker werden rasch verdaut und schießen damit schnell ins Blut, während Vielfachzucker deutlich mehr Spaltungsprozessen unterlegen sind und daher nur allmählich ins Blut gelangen.

Der Einfluss auf den Blutzuckerspiegel

Die Höhe des Blutzuckeranstiegs hängt also von der Art der zugeführten Kohlenhydrate ab. Vom Verzehr reinen Traubenzuckers, wie bei Läufern manchmal zu beobachten ist, ist abzuraten. Dieser bewirkt einen Anstieg des Blutzuckerspiegels innerhalb weniger Minuten. Das ist auf der einen Seite gut, denn die Energie steht schnell zur Verfügung. Auf der anderen Seite toleriert der Organismus das Zuviel an Zucker im Blut nicht. Es kommt zu einer Ausschüttung des blutzuckersenkenden Hormons Insulin, wodurch der Blutzuckerspiegel sogar unter den Normalbereich sinken kann. Als Folge steigt der Bedarf an schnell verfügbaren Kohlenhydraten, ansonsten drohen Muskelschwäche, Gleichgewichtsstörung und Kopfschmerzen. Läufer, die im Wettkampf schon einmal Cola getrunken haben, wissen das. »Einmal Cola, immer Cola«, heißt dann die Devise, ansonsten ist ein heftiger Leistungseinbruch die Folge. Besser ist es, ganz auf das künstliche Limonadengetränk zu verzichten und den Lauf so zu gestalten, dass man den Wettkampf ohne Zuckerspritzen schaffen kann.

Ein Korb, prall gefüllt mit frischem Gemüse. Hier stecken viele Nähr- und Vitalstoffe drin.

Läufer brauchen voll aufgefüllte Kohlenhydratspeicher

Kohlenhydrate werden als Glykogen in Leber und Muskelzellen gespeichert. Beim Laufen wird durch den Energiestoffwechsel die gespeicherte oder zugeführte Nahrungsenergie in Bewegungsenergie umgewandelt. Das kleine Leberglykogendepot versorgt vor allem Nerven und das Gehirn, dient aber auch der Regulation des Blutzuckerspiegels. Muskelglykogen ist für den Energiestoffwechsel deutlich ergiebiger als die Blutglukose. Es ist daher wichtig, immer mit optimal aufgefüllten Glykogenspeichern an den Start zu gehen. Der gut Trainierte hat dabei gegenüber einem Laufanfänger deutliche Vorteile. Zum einen kann er erheblich mehr Glykogen in den Muskelzellen speichern, zum anderen kann er, durch seine bessere Sauerstoffaufnahmefähigkeit, leichter auf die andere wichtige Energiequelle, die Fette zurückgreifen.

Bei einer vollwertigen Ernährung sind Kohlenhydrate aus Getreide und Vollkornprodukten, wie Vollkornmüsli, Vollkornbrot und Vollkornnudeln, aber auch Kartoffeln unverzichtbar. Sie liefern neben der Energie auch wertvolle Vitalstoffe, wie Faserstoffe (Ballaststoffe), Vitamine, Mineralstoffe und Spurenelemente. Reiner weißer Zucker – auch in Schokoriegeln oder Marmeladen enthalten – oder ausgemahlene Mehle sind »leere« Nahrungsmittel. Sie enthalten außer Energie nichts, noch nicht einmal die für die Verdauung wichtigen Vitamine.

Das bedeutet, der Körper bekommt zwar Energie, aber die lebensnotwendigen Baustoffe müssen aus den körpereigenen Depots entnommen werden. So entstehen langfristig Mangelzustände bei Vitaminen und Mineralstoffen.
Dr. Max Otto Bruker bezeichnete isolierte Kohlenhydrate wie Haushaltszucker und Auszugsmehle daher auch als Vitamin-B-Räuber, um die Auswirkungen häufigen und unbedachten Verzehrs von hellen Brötchen, einfachen Nudeln, Grau- oder Weißbrot und herkömmlichem Gebäck zu verdeutlichen.

Rechtzeitig für Nachschub sorgen

Während des Trainings oder Wettkampfs sollten Sie kurzkettige Kohlenhydrate bevorzugen. Optimalerweise kommen diese aus leicht verzehrbarem Obst (reifen Bananen, Orangen, Wassermelonen) oder Fruchtsaftschorlen. Wenn es Ihnen anders nicht möglich ist, können Sie im Wettkampf auch eine Ausnahme von der grundsätzlichen Vollwertregel machen und auch einmal auf Sportgetränke zurückgreifen. Diese sind aber erst ab Laufdistanzen jenseits der Halbmarathonmarke notwendig.
Auch nach dem Training oder Wettkampf ist es wichtig, die Kohlenhydratdepots wieder schnell aufzufüllen. Eine Apfelsaftschorle, frisches Obst und Vollkornbrot liefern hier schnelle Dienste.
Eine vollwertige Ernährung nach dem Sport ist Teil der Regeneration und stellt sicher, dass die Depots schnell wieder aufgefüllt werden und Sie wieder belastbar sind.

Mein Rat

Bananen sind optimal für die Ernährung von Läufern während langen Trainingseinheiten oder im Wettkampf. Möglichst reif, erkennbar an den braunen Flecken der ansonsten gelben Schale, sind sie wahre Kohlenhydratbomben, enthalten aber auch wertvolle Vitalstoffe. Kleine Bissen reifer Bananen lassen sich mühelos kauen, einspeicheln und schlucken. Nach dem Verzehr sollten Sie eine kleine Menge Wasser trinken und den Mund umspülen. Reife Bananen enthalten kurzkettige Kohlenhydrate, die schnell ins Blut gehen, aber auch langkettige, die erst nach und nach das Blut erreichen. Für Läufer sind Bananen der perfekte Snack.

Die Fette

Während die gespeicherten Kohlenhydratreserven, je nach Intensität des Sports, nur für ein bis zwei Stunden reichen, genügen die Fettdepots sogar für viele Marathons. Sie stellen die mit Abstand größten Energiereserven dar und sind vor allem im Bauchraum, im Unterhautfettgewebe und in kleinen Mengen auch in den Muskelzellen zu finden.
Der Körperfettanteil beträgt bei Männern ca. 10 bis 25 Prozent der Körpermasse und bei Frauen ca. 20 bis 35 Prozent. Darüber hinaus sind Fette deutlich ergiebiger und liefern mit 9,3 Kilokalorien pro Gramm viel mehr Energie als Kohlenhydrate mit 4,1 Kilokalorien pro Gramm. Die Kunst ist es nur, auf diese Energieträger im Training und Wettkampf zugreifen zu können. Diese Fähigkeit kann man durch viele langsame und lange Läufe im Sauerstoffüberschuss trainieren. Dabei haben Menschen die Abnehmen wollen und Marathonläufer das gleiche Ziel: Sie wollen den Fettstoffwechsel verbessern.
Aber nicht nur als Energieträger sind Fette wichtig. Sie dienen auch als Baustoff für Körperzellen, Wärmespender und Wärmeisolator, Schutzpolster für innere Organe und vor allem als Lösungsmittel für die fettlöslichen Vitamine A, D, E und K.

> ### Fettsäuren sind lebensnotwendig
> - Essenzielle Fettsäuren sind überwiegend pflanzlicher Herkunft und werden in Omega-3- und Omega-6-Fettsäuren eingeteilt.
> - Die Omega-6-Fettsäure (Linolsäure) kommt in größeren Mengen zum Beispiel im Distel- und Sonnenblumenöl vor.
> - Die Omega-3-Fettsäure (Linolensäure) findet sich reichlich in Leinöl.
> - Diese Öle empfehlen wir daher verstärkt zur Zubereitung von Salaten.

Die Fettsäuren und ihre Bedeutung

Nahrungsfette bestehen aus Glycerin und drei Fettsäuren. Die Fettsäuren unterscheiden sich in der Anzahl der Kohlenstoffatome (Kettenlänge) und der Anzahl und Position der Doppelbindungen (Sättigungsgrad). Drei große Gruppen werden unterschieden: gesättigte,

Pflanzenöle liefern lebensnotwendige Fettsäuren.

Zusammenhang zwischen Ausdauer und Energiestoffwechsel

Marathonläufer und Laufanfänger haben eines gemeinsam: Sie trainieren die Fettverbrennung. Die einen wollen abnehmen, die anderen wollen möglichst lange und möglichst schnell laufen. Beiden hilft dabei die Fettverbrennung, wie die nachfolgenden Erklärungen verdeutlichen.

- Die Energie wird über die Nahrung aufgenommen und durch die Verstoffwechselung als ATP (Adenosintriphosphat) in den Körperzellen eingelagert. Beim Laufen wird diese gespeicherte Energie in mechanische Energie umgewandelt. Je mehr ATP zur Verfügung steht, umso schneller und länger können wir laufen.
- Wenn dem Läufer beim Sprinten der Atem wegbleibt, ihm also wenig Sauerstoff zur Verfügung steht, wird im Zellsaft der Muskelzellen ohne Sauerstoff (anaerob) Blutzucker zu ATP umgewandelt. Für Sprinter ist das gut, denn obwohl nur wenig Blutzucker im Zellsaft vorhanden ist, wird er sehr schnell in Energie umgewandelt. Dabei werden aus einem Zuckermolekül aber nur zwei Moleküle ATP gebildet, zu wenig um längere Zeit schnell laufen zu können. Zumal dabei auch Milchsäure (Laktat) entsteht, die den Muskel schnell ermüden lässt. Dieses Gefühl empfinden einige als »dicke Beine«. Laufanfängern geht es ähnlich. Sie müssen oft schon nach wenigen hundert Metern Gehpausen einlegen, weil sie außer Atem sind und nicht genügend Bewegungsenergie erzeugen können.
- Besser trainierte Läufer sind nicht mehr so kurzatmig, sie bekommen beim Laufen mehr Luft und können folglich mit Hilfe von Sauerstoff (aerob) Zuckermoleküle in Bewegungsenergie umwandeln. Der Zucker wird dabei »verbrannt« und dieses Verfahren ist wesentlich effektiver: Aus einem Zuckermolekül entstehen mit Hilfe des Sauerstoffes 32 ATP-Moleküle! Der trainierte Läufer bekommt somit mehr Energie als der untrainierte! Diese Verbrennung findet dabei nicht im Zellsaft, sondern in den Mitochondrien, den »Kraftwerken« in der Muskelzelle, statt. Es wird deutlich weniger Laktat produziert.
- Erfahrene Läufer trainieren langsam und lange im Sauerstoffüberschuss. Dabei stellen die Muskelzellen ATP noch effizienter her. Sie verwenden Fett statt Zucker. Aus einem Fettmolekül bilden die Mitochondrien mit Hilfe von Sauerstoff über 100 Moleküle ATP. Im Lauf der Trainingswochen und -monate bilden sich immer mehr Mitochondrien in den Muskelzellen und diese stellen sich immer besser auf die Fettverbrennung ein.
- Nun werden beim normalen Laufen nicht nur Kohlenhydrate oder nur Fette verstoffwechselt – sondern die Fette verbrennen im Feuer der Kohlenhydrate. Dabei hat der gut ausdauertrainierte Läufer durch den verbesserten Fettstoffwechsel einen niedrigeren Kohlenhydratverbrauch. Dadurch kann er länger und länger schnell laufen, ohne dass allzu viel Laktat entsteht.

einfach ungesättigte und mehrfach ungesättigte Fettsäuren. Je nach ihrem Gehalt an diesen Fettsäuren können die Nahrungsfette günstigen oder ungünstigen Einfluss auf die Gesunderhaltung haben. Gesättigte und einfach ungesättigte Fettsäuren kann der Organismus selbst herstellen. Mehrfach ungesättigte Fettsäuren müssen dem Körper über die Nahrung zugeführt werden, sie werden daher auch als essenzielle Fettsäuren bezeichnet.

Schutz und Gefahr durch Fettsäuren
Fette, die reich an ungesättigten Fettsäuren sind, sind leicht verdaulich und schützen unter anderem vor Herz-Kreislauf-Erkrankungen, während Fette mit reichlich gesättigten Fettsäuren eher schwer verdaulich sind und den Blutfettspiegel erhöhen. Mehrfach ungesättigten Fettsäuren sagt man auch nach, dass Sie die Muskulatur bei hohen Belastungen schützen und deren Regeneration fördern.
Fette kommen sowohl in pflanzlichen als auch in tierischem Gewebe vor. Bei den Pflanzen überwiegen die ungesättigten Fettsäuren, im tierischen Gewebe hingegen die gesättigten. In der heutigen Zivilisationskost ist der Fettanteil, insbesondere der ungesunden gesättigten Fette, zu hoch. Hierfür sind neben dem hohen Verbrauch an Fleisch-, Wurst- und Milchprodukten aller Art, besonders die versteckten Fette verantwortlich.
Transfettsäuren entstehen durch industrielle Härtung von Pflanzenölen. Diese werden als billige Rohstoffe bei vielen Fertigprodukten verwendet und gelten als Mitverursacher koronarer Herzerkrankungen. Fastfood-Produkte, Chips, Back- und Frittierfette, Fertigsaucen und -gebäcke gehören daher nicht auf den Speiseplan eines gesundheitsorientierten Läufers und finden in der vollwertigen Ernährung natürlich keine Verwendung. In den USA verlässt man sich nicht mehr allein auf Aufklärung, sondern regelt die Verwendung in Gesetzen. So ist beispielsweise im Bundesstaat New York die Verwendung von Transfettsäuren in Restaurants seit 2006 verboten.
Im Gegensatz zu den Kohlenhydraten, die in der Vorbereitung eines Wettkampfes vermehrt zugeführt werden sollen, macht eine »Fettmast« keinen Sinn. Vielmehr ist im Alltag auf eine reduzierte Aufnahme qualitativ hochwertiger Fette zu achten. Auch unmittelbar vor einem Wettkampf, sollten Fette möglichst komplett vermieden werden.

Die Eiweiße

Eiweiße, auch Proteine genannt, haben im Körper vielfältige Aufgaben. Jede Körperzelle besteht hauptsächlich aus Eiweiß. Proteine sind somit Bausubstanz beispielsweise für Muskeln, Organe, Haut und Gewebe. Aber nicht nur das, Eiweiße sind an allen Stoffwechselvorgängen beteiligt. Sie helfen, Nährstoffe und Sauerstoff zu transportieren oder Eisen in der Leber zu speichern. Proteine stärken auch die Abwehrkräfte des Körpers und übertragen Nervenimpulse. Alle körperlichen Eiweißstrukturen befinden sich in einer ständigen Erneuerung und sind daher auf eine regelmäßige Zufuhr von Nahrungseiweiß angewiesen. Ausdauersportler haben durch den notwendigen Muskelaufbau und die vermehrte Abnutzung im Training und Wettkampf einen erhöhten Bedarf an Proteinen gegenüber Nichtsportlern. Doch keine Sorge, auch dieser Mehrbedarf ist bei einer vollwertigen Ernährung ohne Nahrungsergänzung wie Pulver, Drinks und Kapseln leicht zu erreichen. Nicht nur die Menge ist wichtig, auch die Verdaulichkeit und Verfügbarkeit der Aminosäuren. Alle Aminosäuren sind sowohl über pflanzliche als auch tierische Nahrung verfügbar. Jedoch ist es für die Verdauungsenzyme einfacher, tierische Proteine zu verstoffwechseln, da sich pflanzliche Eiweiße innerhalb zellulosehaltiger Zellwände befinden. Besonders gründliches Kauen unterstützt hier die Verdauung, die im Magen beginnt und im Dünndarm fortgeführt wird.

Eiweiße und Aminosäuren

- Der Begriff »Protein« leitet sich vom griechischen »protos« ab, was so viel wie »das Wichtigste« bedeutet. Als Aminosäuren werden Bausteine der Proteine, die Aminocarbonsäuren bezeichnet. Proteine sind also aus Aminosäuren aufgebaute Eiweißkörper.
- 20 Aminosäuren sind bekannt, von denen acht als essenziell – also lebenswichtig – eingestuft werden, weil sie der Körper nicht selbst herstellen kann. Essenziell sind die Aminosäuren Isoleucin, Leucin, Lysin, Methionin, Phenylalanin, Threonin, Tryptophan und Valin.
- Alle Aminosäuren setzen sich aus den gleichen Bauteilen zusammen. In der Mitte des Moleküls ist das Kohlenstoffatom (C). An dieses C-Atom sind vier unterschiedliche Gruppen angegliedert: eine Aminogruppe ($-NH_2$), eine Carboxylgruppe (-COOH), ein Wasserstoffatom (-H) und der Rest (-R). Dieser Rest ist unterschiedlich aufgebaut und ist daher die einzige Unterscheidung der verschiedenen Aminosäuren, die im menschlichen Körper vorkommen.

Eiweiße sind hitzeempfindlich

Der Ernährungswissenschaftler Professor Werner Kollath hat in Tierfütterungsversuchen bewiesen, dass native (lebendige) Eiweiße wertvoller sind, als denaturierte (tote) Eiweiße. Proteine verändern durch Erhitzung ihre Struktur. Sie sterben ab einer Erwärmung über 43 °C ab, weshalb auch für den Menschen diese Körpertemperatur den Tod bedeutet. Die Gesundheitsschäden der mit denaturiertem Eiweiß gefütterten Versuchstiere waren vergleichbar mit den Zivilisationskrankheiten der Menschen heute. Aufgrund dieser Erkenntnisse kam Prof. Kollath zur wichtigsten Forderung: »Lasst die Nahrung so natürlich wie möglich«, nachzulesen in seinem Hauptwerk »Die Ordnung unserer Nahrung«. Jede lange und hohe Erhitzung der Nahrung führt zu erheblichen Veränderungen der Eiweißstrukturen. Die Aminosäuren stehen dem Körper damit nicht mehr vollständig zur Verfügung. Auch wird von einigen Ernährungsexperten vermutet, dass denaturierte Eiweiße nicht vollständig ausgeschieden werden und sich im Körper krankhaft ablagern. Eine gesunde

Eiweißzufuhr ist daher aus Sicht der Vollwertigkeit nicht in erster Linie eine Frage ob pflanzliche oder tierische Eiweiße zugeführt werden sollten, sondern ob erhitzt oder unerhitzt. Da Tiere vom Menschen in der Regel nicht roh verzehrt werden, ist ein Frischkostanteil von mindestens 50 Prozent täglich für eine vollwertige Ernährung wichtig. Und für Milchprodukte gilt, dass Rohmilchprodukte denen aus erhitzter Milch vorzuziehen sind.

Abwechslung ist wichtig

Da aber nicht jedes pflanzliche Lebensmittel über alle Aminosäuren verfügt, ist es wichtig, die tägliche Ernährung abwechslungsreich zu gestalten. Kombinationen aus Hülsenfrüchten wie Bohnen, Erbsen oder Linsen mit Vollkorngetreide wie Mais, Quinoa oder Reis sind vollwertige und ergiebige Eiweißquellen. Auch Nüsse in Kombination mit Getreide oder Hülsenfrüchte liefern alle essenziellen Aminosäuren.

Oft wird in der Eiweißdiskussion die biologische Wertigkeit der Nahrung betrachtet. Hier wird die Effizienz gemessen, mit der Nahrungsprotein in körpereigenes Protein umgesetzt werden kann. Je ähnlicher das Nahrungsprotein dem Körperprotein in seiner Aminosäurenzusammensetzung ist, desto weniger Nahrungseiweiß pro Kilogramm Körpergewicht wird benötigt. Das Vollei besitzt den Wert 100 und alle anderen Lebensmittel werden darauf bezogen. Durch die Kombination verschiedener Eiweißquellen, z. B. Vollei mit Kartoffeln oder Milch mit Weizen lässt sich eine höhere biologische Wertigkeit erzielen.

Aus dem Nahrungseiweiß wird Muskeleiweiß aufgebaut. Dies verhilft zu mehr Ausdauer und Kraft.

Diese Betrachtungsweise ist aber nur bedingt hilfreich, da biologisch hochwertiger nicht gleichzeitig wertvoller oder vollwertiger bedeutet. Der Gehalt an Kohlenhydraten, Fetten oder Vitalstoffen dieser Eiweißlieferanten und Eiweißkombinationen wird nicht berücksichtigt. Dies ist für den Verbraucher sehr verwirrend, arbeiten doch gerade Hersteller von Nahrungsergänzungsmitteln gerne mit der biologischen Wertigkeit als Werbeaussage. Läufer, die auf eine vollwertige und abwechslungsreiche Ernährung mit reichlich Gemüse, Getreide und Nüssen achten, versorgen sich mit allen essenziellen Aminosäuren in ausreichender Menge. Damit fördern sie ihr Muskelwachstum, beschleunigen die Regeneration und schützen das Immunsystem nach harten Trainingsperioden und Wettkämpfen.

Die Vitalstoffe in unserer Nahrung

Alle biologischen Wirkstoffe, die nicht zu den Grundnährstoffen Kohlenhydrate, Fette und Eiweiße zählen, werden unter dem Begriff »Vitalstoffe« zusammengefasst. Dies sind Vitamine, Mineralstoffe, Spurenelemente, Faserstoffe (Ballaststoffe), Enzyme, Aromastoffe und sekundäre Pflanzenstoffe. Ohne Vitalstoffe können die Nährstoffe ihre volle Wirkung nicht entfalten.

Die Vitamine

Vitamine besitzen krankheitsverhütende und heilende Wirkung. Sie sorgen für das Funktionieren des Stoffwechsels und sind beim Aufbau von Körperzellen im ganzen Organismus im Einsatz. Sie stärken auch das Immunsystem. So sind die Vitamine C und E vielen Läufern als wirksamer Schutz vor freien Radikalen bekannt.

Vitamine sind organische Stoffe (Kohlenstoffverbindungen) und für den Menschen lebensnotwendig. Der Organismus kann sie, mit Ausnahme des Vitamin D, nicht selbst im Stoffwechsel herstellen. Sie müssen daher mit der Nahrung zugeführt werden. Man unterteilt in fettlösliche und wasserlösliche Vitamine: Fettlöslich sind die Vitamine A, D, E und K, wasserlöslich die Vitamine C, B1, B2, Niacin (B3), Pantothensäure (B5), B6, Biotin (B7), Folsäure (B9) und B12.

Vollkornbrot ist reich an wichtigen Faserstoffen.

Die meisten Lebensmittel enthalten alle Vitamine, jedoch kommen wasserlösliche verstärkt in wasserhaltigen Pflanzen wie Obst und Gemüse vor und fettlösliche vermehrt in fetthaltigen Lebensmitteln wie Ölen, Nüssen oder Getreide. Jedes einzelne Vitamin erfüllt bestimmte Aufgaben und unterscheidet sich dadurch hinsichtlich seiner Wirkungen. Durch mechanische Verarbeitung und den Kontakt mit Sauerstoff, Licht, Hitze und Bestrahlung verlieren Obst und Gemüse einen Teil ihres Vitamingehalts. Es gilt: Je weniger ein Lebensmittel vor dem Verzehr bearbeitet wird, umso wertvoller ist es für die Gesunderhaltung des Körpers. Der Grad der Bearbeitung bestimmt die Vollwertigkeit der Nahrungsmittel.

Mineralstoffe und Spurenelemente

Mineralstoffe sind lebenswichtige Stoffe, die der menschliche Organismus nicht selbst herstellen kann. Auch sie müssen über die Nahrung zugeführt werden. Ein anhaltender Mangel an Mineralstoffen führt zwangsläufig zur Erkrankung der Zellen, eventuell zum Tod. Nach der Höhe der Konzentration im menschlichen Organismus unterteilt man die Mineralstoffe in Mengen- oder Spurenelemente. Elemente mit mehr als 50 Milligramm pro Kilogramm Körpergewicht zählen zu den Mengenelementen. Dies sind die Mineralstoffe Chlor, Kalium, Kalzium, Magnesium, Natrium, Phosphor und Schwefel. Zu den Spurenelementen, die damit zu weniger als 50 Milligramm pro Kilogramm Körpergewicht im Organismus vorkommen, gehören Chrom, Cobalt, Eisen, Fluor, Jod, Kupfer, Mangan, Molybdän, Selen, Vanadium und Zink. Mineralstoffe sind, im Gegensatz zu den Vitaminen, anorganisch (sie besitzen keine Kohlenstoffverbindungen) und sind damit unempfindlicher gegenüber Verarbeitungsvorgängen bei der Zubereitung von Lebensmitteln. Sauerstoff und Hitze können ihnen nichts anhaben, doch langes Kochen schwemmt sie aus der Nahrung aus. Wenn das Kochwasser, wie bei einem Eintopf, mit verzehrt wird, spielt dies für den Mineralstoffgehalt keine Rolle.

Die Faserstoffe (Ballaststoffe)

Faserstoffe sind biologische Wirkstoffe, die vorwiegend in pflanzlichen Lebensmitteln vorkommen, vor allem in den Randschichten des Getreides, aber auch in Obst, Gemüse, Hülsenfrüchten, Kartoffeln und Algen.
Zu den Faserstoffen zählen Zellulose, Hemizellulose, Lignin, Pektin und Alginate. Faserstoffe gelten als unverdauliche Nahrungsbestandteile, weil sie durch Enzyme nicht zerlegt und daher vom Stoffwechsel nicht aufgenommen werden können. Daher kommt der irreführende Begriff der »Ballaststoffe«, weil man ursprünglich davon ausging, dass die Randschichten des Getreides keinen Nutzen für den Menschen hätten und daher nur Ballast wären. Inzwischen ist man schlauer, konnte vielfältige Wirkungen nachweisen, und der Begriff Faserstoffe setzt sich in Deutschland wie auch international (engl.: fibre) immer mehr durch.
Faserstoffe verbleiben länger im Magen, quellen dort auf und sorgen so für ein länger anhaltendes und verstärktes Sättigungsgefühl. Die Kohlenhydrate aus faserstoffreicher Nahrung sickern nur langsam ins Blut, was den Blutzuckerspiegel langsamer ansteigen lässt. Durch die Zunahme der Stuhlmenge wird die Verdauungstätigkeit angeregt und der Stuhl

Mein Rat

Unmittelbar vor Ihrem Lauftraining sollten Sie faserstoffreiche Nahrung nicht in zu großen Mengen verzehren, denn die Ballaststoffen binden reichlich Wasser, haben eine sehr lange Verweildauer im Magen und regen die Verdauung an.

passiert schneller den Darm. Auch Gallensäuren werden von Faserstoffen gebunden. Ferner sagt man ihnen heute eine positive Auswirkung auf die Kariesprophylaxe nach, sie helfen bei der Vorbeugung koronarer Herzkrankheiten und senken das Risiko an Darmkrebs zu erkranken.

Die Enzyme

Enzyme sind winzige Eiweißmoleküle und für den Stoffwechsel unverzichtbar. Keine chemische Reaktion im Körper funktioniert ohne Enzyme. Enzyme wirken als Katalysatoren, das heißt, sie beschleunigen die chemischen Reaktionen in den Körperzellen und bei der Verdauung. Enzyme bedeuten Leben und sind damit die wichtigsten Vitalstoffe.
Auch Pflanzen enthalten viele Enzyme, die bei mechanischer Zerkleinerung aktiviert werden und den Stoffwechsel anregen. So wird beispielsweise die Wirkung der Enzyme beim Aufschneiden eines Apfels deutlich: Durch den Kontakt mit Sauerstoff und die Arbeit der Enzyme werden Stoffwechselprozesse in Gang gesetzt – der Apfel wird braun.
Die Enzyme von Pflanzen unterstützen die Verdauung. Dafür müssen sie aber unerhitzt verzehrt werden, da Enzyme, wie andere Eiweiße auch, ab einer Temperatur von 43 °C denaturiert werden.
Manche pflanzlichen Enzyme wirken sich auch direkt auf den menschlichen Organismus aus. So ist bekannt, dass das in der Ananas vorkommende Enzym Bromelain entzündungshemmend wirkt. Bevor Sie sich nach einer Entzündung von Ihrem Arzt Enzymtabletten verschreiben lassen, unterstützen Sie die Genesung mit reichlich Ananas und weiterer enzymreicher Rohkost. Enzyme bedeuten Leben und nur lebendige Kost wie frisches Obst, Gemüse, Salate und Nüsse enthalten reichlich davon. Essen Sie Leben.

Die Aromastoffe

Auch Aromastoffe sind wichtige Vitalstoffe. Mit Aroma wird der Geschmack und Geruch eines Lebens- oder Nahrungsmittels bezeichnet, wobei immer viele verschiedene Aromastoffe zusammenwirken. Bei einer Erdbeere sind es über 300 verschiedene Verbindungen. Aromastoffe sind flüchtige Verbindungen und werden beim Riechen und Schmecken wahrgenommen und teilweise durch Erhitzen erst freigesetzt.
Aromastoffe sind ganz entscheidend für den Appetit. Das macht sie für den Menschen so wichtig aber auch gefährlich. Rund 15 bis 20 Prozent der Nahrungsmittel in Deutschland werden mit Aromen aufgepeppt, u. a. Fertiggerichte, Joghurtspeisen, Tütensuppen, Süßigkeiten und Limonadengetränke. Da Aromastoffe in natürlichen Lebensmitteln wie Obst und Gemüse vorkommen, gelten sie nicht als Lebensmittelzusatzstoffe und haben keine E-Nummer. Es muss lediglich auf der Zutatenliste hingewiesen werden, dass einem Produkt Aromen zugeführt wurden.
Künstliche Aromen, zugeführter Zucker aller Art und der Geschmacksverstärker Glutamat sind die stärksten Waffen der Nahrungsmittel-

industrie. Sie gelten als Mitverursacher vieler ernährungsbedingter Krankheiten und machen wegen des intensiven Wirkens auf die Geschmacksnerven das Loslösen von Fertigprodukten für viele Menschen so schwer. Versuchen Sie es trotzdem, kaufen und verzehren Sie natürliche Lebensmittel und vermeiden Sie künstliche Nahrungsmittel. Erleben Sie, wie sich das natürliche Geschmacksempfinden nach und nach wieder entwickelt und lassen Sie sich von den natürlich enthaltenen Aromastoffen verzaubern. Schmecken und riechen Sie den Unterschied zwischen einer frischen Erdbeere, einer gezuckerten Erdbeermarmelade und einem künstlich aromatisierten Erdbeerjoghurt.

Die sekundären Pflanzenstoffe

Unter »sekundäre Pflanzenstoffe« werden biologische Wirkstoffe zusammengefasst, die für die Gesundheit eine große Bedeutung haben, größtenteils aber noch nicht ausreichend erforscht worden sind. Dazu zählen auch die Farbstoffe. Der Begriff »sekundär« ist missverständlich gewählt, er hat mit dem Stoffwechsel der Pflanze zu tun und wird der Bedeutung dieser Stoffe für den Menschen nicht gerecht. Er darf keineswegs als weniger wichtig verstanden werden. Die Bezeichnung wurde ursprünglich zur Abgrenzung zu den »primären Pflanzenstoffen« Kohlenhydraten, Fetten und Eiweißen gewählt.
Sekundäre Pflanzenstoffe sind für den Menschen sehr wichtig, sie wirken antioxidativ, blutdrucksenkend oder entzündungshemmend. Vor allem aber bieten sie das Umfeld dafür, dass die übrigen Vital- und Nährstoffe ihre Wirkung voll entwickeln können. Hier ist ein großer Unterschied zu den isolierten Stoffen in Nahrungsergänzungsmitteln zu sehen, die meistens keine sekundären Pflanzenstoffe mitliefern. Ein Apfel ist mehr als nur die Kombination von Vitamin C und Kohlenhydraten. Wissenschaftler vermuten noch weitere 100 000 unerforschte Wirkstoffe, die den Apfel und alle übrigen Pflanzen für unsere Ernährung so wichtig machen. Sekundäre Pflanzenstoffe werden in der Medizin als Phytamine (griech.: phyto = Pflanze) bezeichnet. Viele sekundäre Pflanzenstoffe befinden sich direkt unter der Schale. Auch deshalb werden bei einer vollwertigen Ernährung Möhren, Äpfel und Kartoffeln nicht geschält.

Frisches Gemüse ist reich an sekundären Pflanzenstoffen und anderen gesunden Substanzen.

Gemüse, Salate und Obst

Sich in der Hauptsache von Gemüse und Obst zu ernähren, klingt für viele Zivilisationsköstler manchmal spartanisch. Wenn ich erzähle, dass ich kein Fleisch, kein Fisch und kaum Milchprodukte esse, dann kommt oft die Frage: »Ja, was esst Ihr denn dann überhaupt noch?« Auch aus diesem Grunde zähle ich in der Folge viele Lebensmittel auf, um einerseits die Vielfalt zu zeigen und Ihnen andererseits den einen oder anderen Anstoß zu geben, nicht immer das Gleiche zu essen. Obst und Gemüse haben im Vergleich zu anderen Nahrungsmitteln eine hohe Vitalstoffdichte, Gemüse sogar mehr als Obst, wodurch sich die allgemeine Empfehlung ableitet, mehr Gemüse als Obst zu verzehren. Unbestritten ist, dass sich der Verzehr von Obst und Gemüse positiv auf die Gesundheit und damit auch auf die sportliche Leistungsfähigkeit auswirkt. Die enthaltenen Vitamine und Mineralstoffe aus Obst und Gemüse sind daher isolierten Nährstoffen aus Nahrungsergänzungspräparaten deutlich überlegen.

Vom Feld und aus dem Garten

Gemüse und Salate, die bei uns je nach saisonaler Verfügbarkeit und natürlich in Bio-Qualität auf dem Teller landen: Auberginen, Bärlauch, Blumenkohl, Bohnen, Brokkoli, Brunnenkresse, Chicorée, Chinakohl, Erbsen, Endivie, Feldsalat, Fenchel, Grünkohl, Gurken, Kartoffeln, Knoblauch, Kohlrabi, Kürbis, Lauch, Linsen, Mangold, Meerrettich, Möhren, Oliven, Pastinaken, Radieschen, Rettich, Rhabarber, Rosenkohl, Rote Bete, Rotkohl, Rucola, Schalotten, Schnittlauch, Schwarzwurzeln, Sellerie, Spargel, Spinat, Tomaten, Weißkohl, Wirsing, Zucchini und Zwiebeln.

Regionale und exotische Fitmacher

Bei uns gibt es täglich viel Obst: Äpfel, Ananas, Aprikosen, Avocados, Bananen, Birnen, Brombeeren, Datteln, Erdbeeren, Granatäpfel,

Finger weg von Smoothies

Smoothies aus dem Kühlregal sind kein Ersatz für frisches Obst oder Gemüse! Bei der Produktion werden die Schalen entfernt, um eine cremigere Konsistenz zu erreichen. Mit der Schale gehen wertvolle Vitalstoffe verloren. Beim Erhitzen des Breies werden weitere Vitalstoffe vernichtet. Oft werden Farb- und Konservierungsstoffe, künstliche Aromen und Zucker hinzugefügt. Smoothies haben eine hohe Energiedichte, machen aber kaum satt, weshalb Sie gerade für Übergewichtige eine Kalorienfalle sind. Ferner sind die plastikverpackten Fruchtbreie durch den »Veredelungsprozess« deutlich teurer als die gleiche Menge Obst. Bevorzugen Sie lieber frisches Obst oder Gemüse. Um es mit Werner Kollath zu sagen: »Lasst unsere Nahrung so natürlich wie möglich.«

Heidelbeeren, Himbeeren, Holunderbeeren, Kirschen, Kiwis, Limetten, Mandarinen, Mangos, Melonen, Nektarinen, Orangen, Pfirsiche, Pflaumen, Papayas, Stachelbeeren, Trauben und Zitronen.

Die richtige Zubereitung

Bis auf wenige Lebensmittel wie Kartoffeln oder Hülsenfrüchte, die nur in erhitzter Form genießbar sind, sollten Obst und Gemüse grundsätzlich frisch, gering verarbeitet und roh gegessen werden. Durch jeden Verarbeitungsschritt kommt es zum Verlust von Inhaltsstoffen, wobei die Erhitzung mit einem Verlust von bis zu 60 Prozent einzelner Vitamine am schwersten wiegt. Aber auch das Zerkleinern und Schälen kostet Vitalstoffe. Zum Beispiel gehen durch das Schälen von

Mein Rat

Durch Wasserentzug kann man Früchte haltbar machen. Manche werden zusätzlichen geschwefelt. Schwefelsäuren können zu Magen-Darm-Beschwerden und allergischen Reaktionen führen. Auch zerstören sie viele Vitamine (B1, E und Folsäure) und behindern auch die Aufnahme dieser Vitamine aus anderen Nahrungsmitteln. Geschwefelte Nahrungsmittel sollte man daher grundsätzlich meiden. Achten Sie daher bei Verpackungen auf die mit E220, E221, E228 gekennzeichneten Schwefelzusätze. Auch ungeschwefelte Trockenfrüchte – am gesündesten sind noch schonend luftgetrocknete – sollten wegen der hohen Zuckerkonzentration nur gelegentlich verzehrt werden.

Frische Möhren in verschiedenen Farben sind ein Genuss für Auge und Gaumen.

Ein frischer Obstteller lässt sich schnell zubereiten und ist ein guter Vitalstofflieferant.

Äpfeln bedeutende Mengen Vitamin C, Sekundäre Pflanzenstoffe und Faserstoffe verloren. Das Waschen von Gemüse und Obst ist unter zwei Gesichtspunkten zu sehen. Zum einen können durch kräftiges Schrubben oberflächliche Schadstoffe entfernt werden, zum anderen aber auch Mikroorganismen, die im Dünndarm zur körpereigenen Herstellung von Vitamin B12 dienen sollen. Ein Aspekt, der gerade für Vegetarier und Veganer von Wichtigkeit ist. Auch hieraus leitet sich die Empfehlung ab, Bio-Ware zu bevorzugen damit Obst und Gemüse nicht übermäßig gesäubert werden müssen. Die Konservierung von Lebensmitteln ist kritisch zu betrachten. Durch Hitzekonservierung kommt es zu einem erheblichen Vitalstoffverlust und durch Trocknung von Obst und Gemüse zu einer Nährstoffkonzentrierung, die für den menschlichen Organismus nicht verträglich ist. Beispielsweise ist eine Tüte Trockenfrüchte schnell gegessen, was aufgrund der hohen Nährstoffdichte zu Unbekömmlichkeiten führen kann.

Einige Gemüsearten wie Auberginen und Hülsenfrüchte sind roh nicht genießbar (siehe nächste Seite), weil erst durch das Erhitzen bestimmte, gesundheitsschädigende Inhaltsstoffe zerstört werden. Daraus leitet sich ab, dass Gemüse oder Obst, das roh nicht genießbar ist, in der Evolution keine entscheidende Bedeutung für die Menschwerdung gespielt hat und daher auch in unserem Speiseplan keine zu große Beachtung finden sollte.

Lecker verpackte Kraftstoffe

Hülsenfrüchte wie Bohnen, Erbsen, Linsen, Kichererbsen und Lupinen sind reich an Eiweißen, komplexen Kohlenhydraten und Faserstoffen und haben fast kein Fett. Sie müssen erhitzt werden und können eine gelegentliche Bereicherung der Vitalen Läuferkost darstellen. Hülsenfrüchte sind in roher Form für den Menschen nicht verträglich, da Sie verschiedene Substanzen beinhalten, die gesundheitsschädlich sind. Durch ausreichendes Erhitzen werden diese Schadstoffe zerstört, leider aber auch ein Großteil der Vitalstoffe. Bei Eintöpfen oder Suppen, bei denen das Kochwasser mit verzehrt wird, spielt der Mineralstoffverlust keine Rolle.

Kartoffeln und Hülsenfrüchte

Zu Hülsenfrüchten passen Kartoffeln sehr gut, siehe dazu auch das Rezept auf Seite 114.

Bei Läufern sehr beliebt

Die Kartoffel wurde erst im 16. Jahrhundert von Südamerika nach Europa eingeführt. Obwohl auch sie erhitzt werden muss, weil Menschen die rohe Kartoffelstärke nicht verwerten können und dabei essenzielle Nährstoffe vernichtet werden, lohnt es sich dennoch, Kartoffeln gelegentlich in den Speiseplan aufzunehmen. Gering verarbeitete Kartoffeln, vor allem Pellkartoffeln und Folienkartoffeln, sind stark verarbeiteten wie Bratkartoffeln oder Pommes frites vorzuziehen.

Der Proteingehalt ist zwar sehr gering, aber der hohe Anteil essenzieller Aminosäuren macht sie sehr wertvoll. Die Kombination Kartoffeln mit Ei ergibt eine der höchsten biologischen Wertigkeiten zweier verschiedener Eiweißquellen. Zudem werden Kohlenhydrate, die zusammen mit Eiweiß aufgenommen werden, um 20 Prozent effektiver im Muskel eingelagert. Daher sind gekochte Kartoffeln mit Quark gerade auch für Ausdauersportler eine gute Sportmahlzeit und empfehlen sich beispielsweise am Tag vor einem Marathon. Zusammenfassend bleibt festzuhalten, dass Obst und Gemüse, größtenteils frisch und roh verzehrt, wegen seiner Nähr- und Vitalstoffdichte wichtig für die Gesundheit und Leistungsfähigkeit sind. Kaufen Sie Obst und Gemüse (auch Kartoffeln und Hülsenfrüchte) vorwiegend aus regionalem, ökologischem Anbau und nach Saison. Um eine möglichst breite Vitalstoffversorgung zu gewährleisten, sollte Ihre tägliche Gemüseration optimalerweise hälftig über bzw. unter der Erde gewachsen sein. Über der Erde wachsen Blattsalate, Gurken oder Kohl, unter der Erde Rettich, Möhren oder Sellerie. Achten Sie bei der Obstauswahl hinsichtlich der Vitalstoffe auf eine große Farbvielfalt, wie sie beispielsweise Äpfel, Erdbeeren, Pfirsiche, blaue Weintrauben oder Stachelbeeren bieten.

Die verschiedenen Kartoffelsorten laden zum Experimentieren ein und sind schnell zubereitet.

Nüsse, Ölsamen und Ölfrüchte

Die wertvollen Inhaltsstoffe der Öle aus Nüssen, Ölsamen und -früchten sind wichtig zur Stärkung der Gesundheit und zur Verbesserung der Leistungsfähigkeit. Wegen des hohen Fettgehaltes von 40 bis 70 Prozent sollten sie aber maßvoll verzehrt werden.

Fett für die Gesundheit

Zu den Nüssen zählen Cashewkerne, Esskastanien, Hasel-, Kokos-, Para-, Pekan- und Walnüsse, Mandeln, Pinienkerne und Pistazien. Erdnüsse sind eigentlich Hülsenfrüchte, werden aber wegen des hohen Fettgehalts wie Nüsse verwendet. Zu den gebräuchlichen Ölsamen zählen Leinsamen, Mohn, Kürbiskerne, Sesamsaat und Sonnenblumenkerne.

Nüsse und Ölsaaten sind reich an einfach und mehrfach ungesättigten Fettsäuren, Aminosäuren, Vitaminen und Mineralstoffen. Daher sind sie trotz ihres hohen Fettgehalts für die Gesundheit und Leistungsfähigkeit sehr wertvoll. Sie schmecken im Salat genauso wie im Müsli. Aus Nüssen und Nussmus kann ein leckerer Brotaufstrich gezaubert werden (siehe Seite 121). Von gesalzenen oder gesüßten Nüssen oder herkömmlich industriell erzeugten Nuss(-Nougat)-Cremes rate ich wegen des hohen Salz- bzw. Zuckeranteils dringend ab. Ölfrüchte wie Oliven oder Avocados liefern mit ihrem Fruchtfleisch ebenfalls essenzielle Fettsäuren. Sie machen sich gut im Salat und lassen sich, ebenso wie Nüsse, zu leckerem Brotaufstrich verarbeiten.

Es gibt eine große Auswahl verschiedener Nüsse – da ist für jeden etwas dabei.

Speiseöle

Pflanzliche Speiseöle sind für die Zubereitung von Salaten und gelegentliches Backen oder Braten sehr empfehlenswert, tragen sie doch zur Versorgung mit essenziellen und gesundheitsfördernden Inhaltsstoffen bei. Neben ihrem Gehalt an Vitamin D und E sind hier vor allem die einfach und mehrfach ungesättigten Fettsäuren hervorzuheben. Gerade ein hoher Anteil an mehrfach ungesättigten Fettsäuren ist für ein starkes Immunsystem wichtig. Außer aus Samen, Nüssen und Ölfrüchten werden Speiseöle auch aus Hülsenfrüchten, Kreuz- und Korbblütlern sowie Kürbisgewächsen und Beeren gewonnen. Eine wichtige Rolle spielen beispielsweise Distel-, Hanf-, Haselnuss-, Lein-, Oliven-, Raps-, Traubenkern- und Walnussöl.

Manche Öle schmecken eher neutral, andere haben ein sehr intensives Aroma. Hieraus ergibt sich eine große Vielfalt in der Gestaltung von Salatdressings.
Die empfohlenen Speiseöle können bedenkenlos für die Zubereitung von Salaten, zum Kochen und zum Backen genutzt werden. Beim Braten gilt es jedoch aufzupassen. Hier können bei Temperaturen von über 200 °C schädliche Stoffe entstehen. Daher sollten Sie zum Braten ausschließlich Öle verwenden, die einen Rauchpunkt von über 200 °C haben wie beispielsweise Sonnenblumenöl.

Qualitäts- und Geschmacksunterschiede

Die höchste Qualität haben native, kalt gepresste und nicht raffinierte Öle. Sie sollten bei einer vollwertigen Ernährung ausschließlich verwendet werden. Denn bei jedem Verarbeitungsschritt gehen wertvolle Inhaltsstoffe verloren. So werden bei einer Raffination die Öle mechanisch entschleimt, entsäuert und gebleicht, wobei wertvolle Vitalstoffe verloren gehen. Achten Sie daher bei Ihrem Einkauf auf den Hinweis nativ, kalt gepresst, nicht raffiniert und optimalerweise auf ein anerkanntes Bio-Siegel.

Besonders kalt gepresste Öle sollten Sie vor Sonnenlicht und Wärme schützen.

Getreide

Getreide und Getreideprodukte aus vollem Korn sind bin einer vollwertigen Kost von entscheidender Bedeutung. Fast alle vom Menschen benötigten Nähr- und Vitalstoffe sind im vollen Korn enthalten.
Seit etwa 10 000 Jahren wird Getreide landwirtschaftlich angebaut, aus Ägypten gibt es die ältesten Zeugnisse des Ackerbaus. In Europa hielt der Ackerbau erst vor ca. 7000 Jahren Einzug. Obwohl dieser Zeitraum in der ca. 50 Millionen Jahre dauernden Menschwerdung recht kurz ist, kann man davon ausgehen, dass der Mensch durch den schon vorher gewohnten Verzehr von Süßgräsern an diese Nahrung angepasst ist.

Aus Süßgräsern hervorgegangen sind die Getreidearten Weizen, Roggen, Hafer, Gerste, Reis, Hirse und Mais. Daneben werden heute die Urformen des Weizens Einkorn, Emmer, Dinkel und Kamut immer populärer. Triticale ist eine Kreuzung aus Weizen und Roggen. Buchweizen wird ebenfalls wie Getreide verwendet, ist aber ein Knöterichgewächs. Daneben gibt es noch die südamerikanischen Körnerfrüchte Quinoa und Amaranth, die zu den Melden- bzw. Fuchsschwanzgewächsen zählen. In der vollwertigen Kost wird Getreide ausschließlich als volles Korn, gekeimt, geflockt, geschrotet oder gemahlen verwendet. Es kommt im Frischkornmüsli, Vollkornbrot oder -brötchen, als Salat- und Gemüsebeilage oder in Form von Vollkornerzeugnissen wie Vollkornnudeln vor. Das volle Korn ist ein wichtiger Lieferant von Nähr- und Vitalstoffen. Der Mehlkörper enthält die Kohlenhydrate, der Keim und die Randschichten sind reich an Vitaminen, Mineralstoffen, Faserstoffen, essenziellen Fettsäuren und Proteinen.

Auszugsmehle

Mehl, das nicht aus dem vollen Korn, sondern nur aus dem isolierten Mehlkern gewonnen wurde, wird als Auszugsmehl bezeichnet. Es ist auch als Weißmehl (Weizen) bzw. Graumehl (Roggen) bekannt. Auszugsmehle und Produkte daraus sind für den Menschen gesundheitlich problematisch. Zum einen hat man das Getreide bis auf den stärkehaltigen Kern isoliert und so der wertvollen Vitalstoffe, insbesondere B-Vitamine, Mineralstoffe und Faserstoffe, beraubt. Zum anderen benötigt der Körper für das Verstoffwechseln von Stärke verschiedene B-Vitamine, die damit anderen Stoffwechselvorgängen nicht mehr zur Verfügung stehen.

Qualitätsverlust durch Veredelung

Da frisch gemahlenes, unbehandeltes Vollkornmehl schnell ranzig wird und nicht lange lagerfähig ist, wurde im Lauf des 19. Jahrhunderts ein Verfahren entwickelt, mit dem die leicht verderblichen, fetthaltigen Bestandteile des Getreidekorns entfernt wurden. Ferner glaubte die Ernährungswissenschaft in jener Zeit, dass die Randschichten des Korns, unverdaulichen Ballast darstellen. Der Begriff »Ballaststoffe« (Faserstoffe) wurde geboren. Diese Auszugsmehle waren länger haltbar, aber wegen des damals noch komplizierten und damit kostspieligen Herstellungsverfahrens teurer und nur den Wohlhabenden vorbehalten. Das sorgte für Begehrlichkeiten und bei bald verbesserten Produktionsbedingungen für zunehmende Verbreitung.

Volles Korn für höchste Leistung

An den Mehltypenbezeichnungen kann man den mittleren Mineralstoffgehalt des Getreides ablesen. Je höher ausgemahlen ein Getreide, umso niedriger der Anteil an den wertvollen Randschichten und umso kleiner die Typenzahl. Die Mehltype 405 hat einen mittleren Mineralstoffgehalt von 405 Milligramm pro 100 Gramm Trockenmasse Mehl, die Mehltype 1050 entsprechend 1050 Milligramm pro 100 Gramm Mehl. Vollkornmehl hat keine Typenbezeichnung, da es nicht bearbeitet wird.

Nicht nur das Abtrennen des Keims und der Randschichten sorgt für einen Qualitätsverlust, auch durch die Erhitzung (wie Backen) wird der Gehalt an Vitaminen reduziert. Auch hier hat das Vollkornbrot Vorteile. Durch die gehaltvolleren Ausgangsmehle hat es auch als Endprodukt eine höhere Vitaminkonzentration.

Man kann den biologischen Wert von Getreiden aber auch verbessern, in dem man sie keimen lässt. Durch den Keimvorgang kommt es zu einer Bildung essenzieller Aminosäuren. Zum einen steigt der Lysinanteil, aber auch der generell niedrige Vitamin-C-Gehalt wird höher. Gekeimtes Getreide eignet sich als Beigabe zum Salat oder als Grundlage für ein frisches Körnermüsli.

Sie sollten Auszugsmehle meiden und lieber Vollkornprodukte bevorzugen. Täglich ein Frischkornmüsli mit Obst als süße oder mit Gemüse als deftige Variante empfehle ich daher für Sportler und Nichtsportler. Durch die Beigabe von Zitronensaft (Vitamin C) wird zudem die Aufnahme von Eisen verbessert und durch die Zugabe von Nüssen die biologische Wertigkeit des enthaltenen Eiweißes erhöht. Ein Frischkornmüsli ist das Sportlerfrühstück schlechthin und eignet sich auch – frühzeitig eingenommen – als letzte energiebringende Mahlzeit vor einem Wettkampf.

Weizenkeimlinge nach drei Tagen in einem Sprossenglas

Milch und Milchprodukte

Milch ist von Natur aus zur Ernährung von Säuglingen einer Art gedacht. In der Stillphase liefert die Muttermilch dem Neugeborenen alle Nähr- und Vitalstoffe die es zum Leben braucht und es natürlich aufwachsen lassen. Es gibt keine bessere Babynahrung als Muttermilch. Doch mit dem Erscheinen der Zähne sorgt die Natur dafür, dass die Muttertiere ihren Säuglingen den Zugang zur bisherigen Milchquelle verwehren. Das ist clever gelöst. Dadurch wird es gezwungen andere Nahrung zu suchen und mit Hilfe der wachsenden Zähne zu beißen.

Der Mensch ist das einzige Lebewesen auf der Welt, das nach der Stillphase noch Milch oder Milchprodukte verzehrt. Ein unnatürliches Verhalten. Er ist darüber hinaus das einzige Lebewesen, das Milch einer anderen Art, je nach regionalen Gepflogenheiten, von der Kuh, der Ziege oder des Kamels, auf seinem Speiseplan stehen hat. Dies ist eine noch viel unnatürlichere Angewohnheit.

Folgen des Milchkonsums

Dass beide Verhaltensmuster nicht natürlich sind, lässt sich auch mit der Reaktion des menschlichen Organismus belegen. Mit zunehmendem Alter besitzt der Mensch immer weniger des Milchzucker spaltenden Enzyms Laktase. Das Ergebnis ist eine wachsende Milchzuckerunverträglichkeit (Laktoseintoleranz), die sich in zunehmender Infektanfälligkeit zeigen kann. Die Milchzuckerunverträglichkeit ist aber nicht das einzige Problem artfremder Milch. 80 Prozent der in der Milch vorkommenden Proteine sind Kaseine, so werden die Milcheiweiße anderer Lebewesen genannt. Kaseine sind für junge Säugetiere die wichtigste Proteinquelle, können aber vom menschlichen Organismus nicht verstoffwechselt werden. Das bedeutet, sie werden nicht verwertet und – in großen Mengen verzehrt – noch nicht einmal vollständig ausgeschieden, sondern irgendwo im Körper abgelagert. In manchen Fällen lösen sie lebensbedrohliche Milcheiweißallergien aus.

Trotz Milchzuckerunverträglichkeit und Milcheiweißallergie halten Ernährungsexperten wissenschaftlichen Studien zufolge eine voll-

Wenn Sie Käse nicht missen wollen, dann wählen Sie Erzeugnisse aus Rohmilch.

wertige, ovo-lacto-vegetarische Ernährungsform für den Menschen am geeignetsten. Ovo-Lacto-Vegetarier ernähren sich rein pflanzlich, durch den Verzehr von Eiern und Milchprodukten ist aber eine bessere Versorgung mit Vitamin B12 gewährleistet.

Alternative Kalziumlieferanten

Obwohl die Unnatürlichkeit des Milchverzehrs sehr einleuchtend ist, haben meine Erlebnisse in der Ernährungsberatung von Sportlern gezeigt, dass das Thema Verzicht auf Milch- und Milchprodukte schwerer zu vermitteln ist, als eine fleischlose Lebensweise. Woran mag das liegen? Ein Grund ist sicher der Geschmack. Milch und Milchprodukte haben durch den hohen Fettanteil einen intensiven Geschmack und exklusiver Käse gilt heutzutage als Delikatesse. Zum anderen hat es die Milchindustrie mit ihrer Lobbyarbeit und Werbekraft geschafft, dass Milch allgemein als gesund gilt und wegen des hohen Kalziumgehaltes gelobt wird und daher Zahnverfall und Osteoporose vorbeugen soll. Das dies so nicht stimmt, zeigt die Krankheitsstatistik. Trotz hohem Milchkonsum nehmen Gebissverfall und Knochenschwund stark zu. Wahrscheinlich liegt dies auch daran, dass bei einem Ungleichgewicht der beiden Mineralstoffe, das jeweils andere nur vermindert aufgenommen werden kann. Das ideale Mengenverhältnis von Kalzium zu Magnesium beträgt 2 zu 1. In der Milch ist es nicht zu finden, dafür aber in einigen ausgesuchten Mineralwässern.

Rohmilch und Sahne

Aber auch bei der Milch gibt es Qualitätsunterschiede. Beim Erhitzen der Milch, wie es bei der Herstellung pasteurisierter und ultrahocherhitzter Milch üblich ist, kommt es zu einem deutlichen Vitaminverlust und zu einer Veränderung der Eiweißstrukturen. Unerhitzte Rohmilch (in Deutschland nur direkt beim Erzeuger erhältlich) oder Vorzugsmilch (verpackte Rohmilch im Handel) ist daher vorzuziehen. Auch Käse und Butter gibt es auf Rohmilchbasis. Sahne, der fettreiche Anteil der Milch, der sich beim Stehenlassen an deren Oberfläche sammelt, enthält deutlich weniger Kasein als reine Milch, dafür aber mehr Fettsäuren und mehr fettlösliche Vitamine und ist daher – zum Beispiel gelegentlich im Müsli – für den Menschen besser geeignet als reine Milch.

Neben Milch und Milchprodukten als die größten Kalziumlieferanten können Sie auch auf einige grüne Gemüsesorten zurückgreifen, die ebenfalls bedeutende Mengen an Kalzium enthalten. So sind in Brokkoli, Fenchel, Grünkohl oder Lauch zwischen 50 bis 120 Milligramm Kalzium pro 100 Gramm enthalten. Unter den Kräutern sind Petersilie, Schnittlauch, Kerbel und Basilikum mit teilweise über 1000 Milligramm pro 100 Gramm wahre Kalziumbomben. Allerdings spielen Kräuter in der Ernährung mengenmäßig nur eine untergeordnete Rolle. Weitere gute Kalziumlieferanten sind Haselnüsse, Mandeln und Sesam (225 bis 785 Milligramm).

Fleisch, Fisch und Eier

Der Verzehr von Fleisch, Fisch und Eiern ist für eine vollwertige Ernährung nicht nötig. Unter Berücksichtigung der Risiken für die Gesundheit des Einzelnen und den ökologischen Nachteilen von hohem Fleischkonsum für die Allgemeinheit, empfehle ich, auf Fleisch zu verzichten.

Sie entscheiden selbst, wichtig ist nur die Vollwertigkeit Ihrer Ernährung

In den Überlegungen, wie eine für alle Menschen gesunde und für Ausdauersportler leistungsfördernde Ernährung aussehen soll, geht es nicht um ideologische Gründe. Nicht die Frage: »Vegetarismus, ja oder nein?« ist entscheidend, sondern ausschließlich die Vollwertigkeit der Ernährung. Sowohl bei Fleischessern als auch bei Vegetariern kommt es heutzutage zu Ernährungsfehlern, die Mangelzustände oder auch Überversorgung mit sich bringen. Sogenannte Puddingvegetarier, die Fleisch meiden, sich ansonsten aber hauptsächlich von Auszugsmehlprodukten und gezuckerten Waren ernähren, machen genauso Fehler wie Mischköstler, bei denen das Verhältnis von frischer Rohkost zu Fleisch und Wurstwaren nicht stimmt. Unbestritten ist, dass der aktuell hohe Verzehr an Fleisch und Fleischprodukten, sowie Milch und Milchprodukten wesentlich zur Aufnahme von Fett, insbesondere der gesättigten Fettsäuren, Cholesterin und Purinen beiträgt und damit, neben dem Verzehr von isolierten Kohlenhydraten, Hauptursache für die Entstehung ernährungsbedingter Krankheiten ist. Und da die beste Sporternährung die gesund erhaltende ist, sollten meines Erachtens Läufer weitestgehend auf Fleisch verzichten.

Fleisch, ein Stück Lebenskraft?

Der Wert von Fleisch für die Ernährung liegt in erster Linie an seinem Gehalt an Eiweiß, B-Vitaminen, Eisen, Zink und Selen. Fisch enthält ebenfalls hochwertiges Eiweiß und, vor allem Seefische, Omega-3-Fettsäuren. Eier liefern das hochwertigste Eiweiß, B-Vitamine, Vitamin A, D sowie Eisen und Kalium.
Um seine Eiweißversorgung zu decken, braucht der Mensch jedoch kein Fleisch. Getreide, Nüsse und Hülsenfrüchte sind wertvolle Eiweißlieferanten, die, in Kombination genossen, die biologische Wertigkeit von tierischem Eiweiß alleine übertreffen können. Dies habe ich im Abschnitt »Die Eiweiße« bereits ausführlich beschrieben (Seite 43 ff.).
Eine hohe biologische Wertigkeit macht aber nicht den Wert der Nahrung aus. Entscheidend ist der Gehalt an weiteren essenziellen Nähr- und Vitalstoffen oder die Belastung mit Umweltgiften.
Auch zur Deckung des Mineralstoff- und Vitaminhaushalts ist Fleisch nicht erforderlich. Pflanzliche Nahrung liefert alles, was der Mensch benötigt, in ausreichender Menge und hoher Qualität.

Vitamin-B12-Mangel bei fleischloser Ernährung?

Vitamin B12 wird beim Menschen ausschließlich von Bakterien und anderen Mikroorganismen sowie Schimmelpilzen im Dickdarm hergestellt. Dies setzt eine gesunde Darmflora voraus, wie sie bei fleischloser, vollwertiger Ernährung mit einem hohen Frischkostanteil üblich ist. Geringe Mengen an Vitamin B12 kommen auch in milchsauer vergorenem Gemüse (wie Sauerkraut), Petersilie, Algen und Bier vor. Pflanzenfressende Tiere nehmen diese Mikroorganismen als Bestandteile der Erde mit der Nahrung zu sich. Ein Beispiel, das sich durchaus auch diejenigen nehmen können, die Salate und Gemüse übermäßig putzen. Ein bisschen Erde hat noch niemandem geschadet. Ganz im Gegenteil, sie kann als Beilage von Pflanzen aus ökologisch einwandfreiem Anbau sogar gesund sein. Auch durch das Aufsetzen von geschrotetem Getreide soll es durch die Fermentation zur Bildung von Vitamin B12 kommen.

Der tägliche Mindestbedarf an B12 ist im Vergleich zu den meisten anderen Vitaminen sehr viel geringer. Ein Vitamin-B12-Mangel entwickelt sich sehr langsam, bei schlechter Zufuhr oder mangelnder Eigenbildung in der Regel erst nach zwei bis drei Jahren, da in der Leber bis zu 5000 Mikrogramm gespeichert werden können. Am ehesten tritt Vitaminmangel bei den bereits auf der vorhergehenden Seite vorgestellten Puddingvegetariern auf, die sich nicht vollwertig ernähren.

Wenn Sie auf Fleisch nicht verzichten wollen, dann achten Sie beim Einkauf unbedingt auf Bio-Qualität. Die Tiere sollten artgerecht gehalten und natürlich gefüttert werden. Beim Fisch sind Arten zu bevorzugen, die nicht von Überfischung bedroht sind, zum Beispiel Hering aus der Ostsee, Seelachs aus dem Nordostatlantik oder Forelle und Lachs aus ökologischer Aufzucht. Der World Wide Fund For Nature (WWF) Deutschland veröffentlicht im Internet diesbezügliche Empfehlungen.

Auch Vollkornreis enthält viel Eiweiß – hier der Falsche Milchreis (Rezept Seite 92).

Gewürze und Kräuter

Kräuter und Gewürze können aufgrund ihres speziellen Geschmacks einem Essen den letzten Schliff verpassen. Der Übergang von Gewürzen zu Kräutern ist dabei fließend. Beliebte Küchenkräuter sind Basilikum, Beifuß, Bohnenkraut, Brunnenkresse, Dill, Liebstöckel, Majoran, Melisse, Petersilie, Pfefferminze, Rosmarin, Salbei, Schnittlauch, Thymian und Waldmeister. Sie sollten entweder frisch oder getrocknet, aber immer dezent dosiert werden, um den Eigengeschmack des Gemüses oder Salates abzurunden aber nicht zu überdecken.

Zu den bevorzugten Gewürzen zählen Cayennepfeffer, Ingwer, Kümmel, Lorbeerblätter, Nelke, Paprika, Weißer Pfeffer, Schwarzer Pfeffer, Piment, Muskatnuss, Safran, Senf, Vanille, Wacholderbeeren und Zimt. Auch Essig wird zu den Gewürzen gezählt. Wie bei den Kräutern, gilt es auch beim Würzen Fingerspitzengefühl zu beweisen.

Gewürze und Kräuter leisten einen eher zu vernachlässigenden Beitrag zur Nähr- und Vitalstoffversorgung. Wenn aber ihre natürlichen Aromastoffe die Lust auf frische Salate und Gemüse verstärken, so leisten sie einen wichtigen Beitrag für die Gesundheit.

Darüber hinaus haben einige Gewürze und Kräuter heilende Wirkungen. So tun zum Beispiel Thymian und Kamille aufgrund ihrer schleimlösenden und enzündungshemmenden Inhaltsstoffe bei Erkrankungen der oberen Atemwege gut, Salbei wirkt desinfizierend und kann auch bei Entzündungen im Mund- und Rachenraum Abhilfe schaffen.

Frische zahlt sich aus

Von synthetisch hergestellten Aromen, Würzen und Geschmacksverstärkern sollten Sie jedoch die Finger lassen. Diese sind häufig in Gewürzmischungen oder Instantsuppen enthalten. Das Lesen der Verpackungsbanderolen ist hier Pflicht. Besser noch, Sie verwenden frische oder getrocknete Kräuter aus Ihrem Garten, frisch vom Markt oder tiefgefroren. Damit können Sie individuell und nach eigenen Geschmacksvorlieben würzen und verfeinern. Auch einfache Blattsalate bekommen durch grob gezupfte Kräuterblättchen eine interessante Note.

Gewürze in der Vitalen Läuferkost

Die Rezepte in diesem Buch kommen mit nur wenigen Kräutern aus. Meine Frau und ich würzen eher dezent, um den Eigengeschmack der gewählten Lebensmittel zur Geltung kommen zu lassen. Auch wollen wir Ihnen die Zubereitung der sehr einfachen Gerichte nicht dadurch erschweren, in dem wir Gewürze nehmen, die zwar gut schmecken, aber in einem durchschnittlich sortierten Haushalt seltener vorkommen.

Getränke

Auch Getränke sind, wie das alltägliche Essen, in der Ernährungsberatung ein sensibles Thema. Auf Wein, Bier und Spirituosen, aber auch auf Kaffee oder Schwarztee mag kaum jemand verzichten. Dennoch lautet mein Rat, diese Getränke zu meiden.

Zu ungefähr 60 Prozent besteht der Körper aus Wasser. Täglich verliert er insgesamt ca. 2,5 Liter mit Urin, Stuhl und Atem sowie über die Haut als Schweiß. Dass die Wasserbilanz des Körpers stets ausgeglichen ist, dafür sorgt das untrügliche Körpergefühl Durst. Dieses Gefühl wird hormonell gesteuert und ist schlauer als die immer wieder genannte Trinkempfehlung von 1 bis 5 Liter pro Tag.

Da man bereits Flüssigkeit durch feste Nahrung zu sich nimmt, braucht der Mensch nur noch weitere 1 bis 2 Liter Wasser als Durstlöscher. Dies kann je nach sportlicher Aktivität, Außentemperatur und Menge der verzehrten Früchte deutlich variieren. Der Durst ist hier ein verlässlicher Ratgeber. Als Lösungsmittel für die Zellversorgung mit Nähr- und Vitalstoffen ist Wasser von elementarer Bedeutung. Nur in gelöster Form können diese die Zellwände passieren.

Vom Durstlöscher zum Designerprodukt

Doch neben der eigentlichen Funktion als Durstlöscher haben Getränke in unserem heutigen Alltag noch einige weitere Aufgaben übernommen. Sie sollen gut schmecken, aufputschen, locker machen und zu geselligen Anlässen passen. Viele Menschen übertragen mit den von ihnen konsumierten Getränken auch Botschaften, je nachdem ob sie Bier- oder Weintrinker, Tee- oder Kaffeetrinker, Limonaden- oder Fruchtsafttrinker sind. Mit ihrem Verhalten haben sie sich in die Fänge der Werbeleute begeben, die ihren Produkten ein Image verpassen und damit auf Kundenfang gehen.

Wasser ist nicht nur Lebenselixier, sondern die beste Alternative zu Limonaden, Fruchtsaftgetränken & Co.

Mineralwasser liegt im Trend

Alkoholische, gesüßte und koffeinhaltige Getränke haben keinen Platz in einer vollwertigen Ernährung. Sie haben störenden Einfluss auf den Organismus, seine Stoffwechselvorgänge, das Nerven- und Immunsystem. In großen Mengen verzehrt, können sie sogar Auslöser schwerer Krankheiten sein und abhängig machen. Einfacher, als die Menge von Alkoholika und Kaffee auf ein individuell *scheinbar verträgliches* Maß zu reduzieren, ist ganz darauf zu verzichten. Werden Sie stattdessen lieber Wasserliebhaber und -kenner.

Wussten Sie, dass das bekannte Berliner Hotel Adlon eine eigene Mineralwasserkarte mit 25 Mineralwässern aus zehn verschiedenen Ländern hat? Über die Notwendigkeit eines solch exklusiven Angebotes lässt sich sicherlich streiten. Doch für alle, die sich bisher als Kenner erlesener Weine und regionaler Bierspezialitäten profiliert und in deren Verkostung ein interessantes Hobby gesehen haben, könnte nun Mineral-, Quell- und Heilwasser ein neues, interessantes Betätigungsfeld sein. Die Mineralwasseranalyse ist die Visitenkarte eines Wassers. Ein Wassersommelier bewertet Mineralwasser insbesondere nach seiner geschmacklichen Eignung als Sologetränk oder Begleitung zum Essen.

Laufen kostet viel Schweiß.

Die Zusammensetzung muss stimmen

Als besonders geeignet für die Versorgung mit Mineralstoffen werden von Ernährungswissenschaftlern heutzutage Wasser bezeichnet, die ein Verhältnis von 2 zu 1 in ihrem Anteil von Kalzium zu Magnesium haben. Nur so kann das Kalzium vom Organismus optimal resorbiert werden. Ein hoher Natriumgehalt ist für Sportler ebenfalls günstig. Ausgeschiedener Schweiß enthält große Mengen an Natrium. Natrium ist im Körper für den Wasserausgleich in Blut und Körperzellen eingebunden. Je höher der Schweiß- und damit der Natriumverlust, umso schlechter funktioniert der Wasserausgleich.

Erfrischende Alternativen

Neben Wasser eignen sich auch ungesüßte Kräuter- und Früchtetees als Durstlöscher. Da jedes Kraut aber therapeutische Wirkung hat, sollten Kräutertees von einer Sorte nicht über lange Zeit hintereinander getrunken werden, sondern immer im Wechsel. Im Verhältnis 3 zu 1 verdünnte Frucht- und Gemüsesäfte können auch eine gesunde Abwechslung im Trinkgenuss bringen. Das Mischungsverhältnis von drei Teilen Wasser zu einem Teil Fruchtsaft sorgt für Magenverträglichkeit und gute Aufnahmefähigkeit als Körperflüssigkeit. Fruchtschorlen zählen aber im engeren Sinne nicht mehr zu den Getränken, sondern sind Teilnahrungsmittel.

Ungechlortes Trinkwasser sowie natürliches Quell- und Mineralwasser ist als Durstlöscher am besten geeignet und allen anderen Getränken vorzuziehen. Dem Durst als regulierendem Körpersignal können Sie vertrauen und alle pauschalen Empfehlungen hinsichtlich der Trinkmenge getrost überhören. Das Trinkverhalten während Training oder Wettkampf verdient allerdings einer besonderen Behandlung und wird später ein gesondertes Thema sein (siehe ab Seite 81).

Fruchtsäuren nicht unterschätzen

Frisch gepresste Fruchtsäfte sind kein vollwertiges Lebensmittel. Bedenken Sie: Rohes Obst und besonders säurehaltige Früchte, wie beispielsweise Orangen, sind bekömmlicher, wenn Sie sie langsam essen und gut

Apfelsaftschorle und Wasser sind die besten Sportgetränke.

kauen. So werden ihre wertvollen Nähr- und Vitalstoffe vom Organismus gut resorbiert. Wenn Sie aber im gleichen Zeitraum ein Glas frisch gepressten Orangensaft mit dem Säuregehalt von mindestens zwei bis drei Orangen in wenigen schnellen Schlucken trinken, dann überfordern Sie Ihren Magen. Dass dieser dann unter Umständen mit Missstimmung reagiert, ist selbstverständlich. Hinzu kommt, dass die Orange nicht komplett verzehrt wird, sondern durch den Pressvorgang wertvolle Vitalstoffe der Haut nicht mitgeliefert werden. Nur als Ganzes ist die Orange vollwertig, der konzentrierte Saft hat bereits deutlich an Wert verloren.

Die Vitale Läuferkost

Im ersten Kapitel habe ich beschrieben, wie kompliziert und unterschiedlich sich die Ernährungssituation der Menschen in Europa heutzutage darstellt. Vielleicht haben Sie sich oder den einen oder anderen Bekannten sogar in den skizzierten Eigenarten und Vorlieben wiedererkannt.

In den folgenden Kapiteln konnte ich Sie hoffentlich für eine vollwertige Ernährung begeistern und lieferte Ihnen dafür das notwendige Hintergrundwissen. Nun kommen wir zum Finale: Auf den folgenden Seiten stelle ich Ihnen die Vitale Läuferkost vor, also die Ernährung, die ich als optimierte vollwertige Ernährung für Läufer halte.

Die optimale Ernährung für den Sportler

Die Vitale Läuferkost ist eine überwiegend pflanzliche Ernährung. Sie basiert auf Obst und Gemüse, Hülsenfrüchten und Vollkornprodukten in Bio-Qualität. Mindestens die Hälfte der Nahrung sollten Sie als unerhitzte Frischkost verzehren. Erhitzen sollten Sie nur die Lebensmittel, die als Rohkost unbekömmlich sind (beispielsweise Kartoffeln und Erbsen). Auch empfehle ich, Vollkornreis, Vollkornnudeln oder Vollkornbrot nur gelegentlich zu verzehren.

Fleisch, Fisch und Eier sind für eine vollwertige Ernährung nicht notwendig, können aber aus artgerechter, ökologischer Zucht in geringen Mengen (z. B. als Sonntagsbraten) bedenkenlos verzehrt werden. Milch- und Milchprodukte sollten nur in geringen Mengen auf dem Speiseplan stehen und möglichst aus Rohmilch hergestellt sein.

Die vier Hauptkriterien der Vitalen Läuferkost

Umsetzbarkeit
Wenn ich auch gerne bei der Zubereitung unserer Mahlzeiten helfe, so hat doch meine Frau, den Großteil der Rezepte in diesem Buch beigetragen hat. Wir haben darauf geachtet, dass die Vitale Läuferkost für Jedermann einfach praktizierbar ist. Selten benötigen Sie mehr als 10 bis 20 Minuten für die Umsetzung der Rezepte.

Plausibilität und Vermittelbarkeit
Wer dieses Buch komplett gelesen hat versteht, warum die Läuferkost genau so aussehen sollte und kann die Inhalte auch Dritten vermitteln. Ich halte es für wichtig wirklich zu verstehen, was eine gesunde und leistungsfördernde Ernährung ausmacht. Dies schafft Entscheidungssicherheit schon beim Einkauf.

Tauglichkeit für Läufer
Die hier vermittelte vollwertige Ernährung stellt alle Nähr- und Vitalstoffe in ausreichender Menge zur Verfügung und ist damit für den Energie- (Bewegung) und Baustoffwechsel (Zellaufbau bzw. Regeneration) eines Sportlers optimal geeignet. Nahrungsergänzungsmittel brauchen Sie daher keine.
Auf die besonderen Ernährungsansprüche beim Training und Wettkampf gehe ich weiter hinten noch ein (siehe Seite 79 ff.).

Genuss
Was nützen Ihnen die besten Ernährungstipps, wenn die Nahrung Ihnen aber nicht schmeckt. Die Vitale Läuferkost ist schmackhaft und lässt auch das Auge genießen. Die Rezepte kommen mit wenigen Gewürzen aus, um den Geschmack der Hauptzutaten wirken zu lassen. Fühlen Sie sich dennoch frei, mit ausgewählten Kräutern und Gewürzmischungen in Bio-Qualität nach Ihrem Gusto zu experimentieren.

Die Basis für ein neues Essverhalten

Wie wir uns ernähren ist nicht nur Ausdruck unseres Lebensstils. Manchmal ist es auch äußeren Zwängen unterworfen. Private, berufliche und gesellschaftliche Verpflichtungen geben uns den Rahmen vor, innerhalb dessen wir uns bewegen können. Dennoch macht es Sinn, sich einige grundlegende Gedanken zu machen und unter Umständen neue Vorsätze zu fassen.

- **Essen Sie, wenn Sie Hunger haben.** Die Evolution hat uns den Hunger als Urinstinkt zur Erhaltung unserer Art gegeben. Verwechseln Sie aber Hunger nicht mit Appetit. Appetit kann auch bei Sättigung auftreten. Essen ohne Hunger sorgt für eine unnötige Beanspruchung der Verdauungsorgane, macht träge und kann für Übergewicht sorgen. Nur bei einem langen Ausdauerwettkampf, bei einer geplanten Wettkampfzeit von über 4 Stunden, kann es notwendig sein, dem Hunger vorzubeugen und kleine Mengen Obst zu verzehren. (Details dazu finden Sie auf Seite 83).
- **Trinken Sie, wenn Sie Durst haben.** Vergessen Sie jede gehörte Empfehlung hinsichtlich der angeblich notwendigen Trinkmenge. Bei der Umsetzung der Vitalen Läuferkost werden Sie auch durch den täglichen Rohkostanteil reichlich Flüssigkeit aufnehmen und dadurch weniger trinken müssen. Nur bei langen Trainingseinheiten und Wettkämpfen über mehr als 90 Minuten sollten Sie vorbeugend trinken und nicht warten bis der Durst kommt.
- **Nehmen Sie sich Zeit.** Essen Sie langsam und genussvoll, kauen Sie häufig. Erfreuen Sie sich am Essen. Decken Sie den Tisch so, dass er Ruhe und Genuss verspricht. »Wer schnell isst, der arbeitet auch schnell« ist einer der unsinnigsten Sprüche in diesem Zusammenhang. Eher könnte man schon auf Flüchtigkeit und Oberflächlichkeit schließen.

Trinken Sie, wenn Sie Durst haben. Das Durstgefühl wird hormonell geregelt und sorgt immer für eine ausgeglichene Wasserbilanz.

- **Setzen Sie sich.** Denn unbestritten ist, dass Essen im Stehen, zum Beispiel in der Hektik der morgendlichen Vorbereitung auf den Arbeitsalltag, mit schnellem Hinunterschlingen der Nahrung, magenbelastend ist. Eine Lösung könnte heißen, 15 Minuten früher zu Bett zu gehen, sodass Sie auch früher aufstehen können und somit mehr Zeit fürs Frühstück haben. Mit zunehmender Erfahrung mit der Vitalen Läuferkost werden Sie feststellen, dass Ihr Schlafbedürfnis geringer wird. Nutzen Sie diese Zeit auch für ruhige, regenerative Mahlzeiten.
- **Essen Sie maßvoll.** Mehrgängemenüs sind nicht unbedingt notwendig. Auch weniger essen kann man lernen. Geben Sie der Verdauung eine Chance, das Sättigungsgefühl ans Gehirn zu schicken. Dieses stellt sich erst nach ca. 20 Minuten ein und ist nicht nur eine Frage der Menge, sondern auch eine Frage des Energiestoffwechsels. Und der braucht nun mal etwas Zeit. Unter Umständen ist Ihr Magen schon übermäßig voll, wenn die Sättigungssignale den Verstand erreichen. Unwohlsein und Trägheit sind oft das Ergebnis übermäßigen Essens und dauern länger an, als die Lust beim Essen selbst.
- **Kauen Sie gründlich.** Die Verdauung beginnt im Mund. Die Ohrspeicheldrüse hat mit Ptyalin das erste Enzym parat, das die Kohlenhydrate bereits im Mund aufschließt und über die Mundschleimhaut ins Blut abgibt. Ein Aspekt der gerade auch für Sportler im Wettkampf wichtig und interessant ist, wenn diese auf schnelle Energielieferung angewiesen sind. Auch die pflanzlichen Eiweiße wollen schon von Ihren Mahlzähnen erobert werden, denn sie befinden sich innerhalb der Pflanzenzelle und sind damit schwerer zugänglich als tierische Eiweiße.
- **Essen Sie die leichter verdaulichen Gänge zuerst.** Rohkostspeisen bereiten dem Magen die wenigste Arbeit und sorgen mit ihren Faserstoffen (Ballaststoffen) für eine gute Sättigung. Beginnen Sie daher jede Mahlzeit mit Frischkost aus Salaten, Gemüse oder Obst.
- **Essen Sie weder zu kalt noch zu heiß.** Beides kann zu Magenirritation führen, heiße Speisen können zudem die Speiseröhrenschleimhaut verletzen.

Vollkorngetreide und Hülsenfrüchte – das ist eine ideale Kombination.

So macht Sie die Vitale Läuferkost richtig fit

Mangelzustände, die Sie durch Ihre Alltagsernährung verursachen, können Sie durch optimale Wettkampfernährung nicht ausgleichen. Jedoch können Sie im Alltag die Basis für Ihre Gesundheit legen und damit für einen Stoffwechsel sorgen, der sportliche Höchstleistung ermöglicht.

Die Vitale Läuferkost orientiert sich an der natürlichen Ernährungsweise der ausdauernden Sammler und Jäger, die überwiegend pflanzliche und unerhitzte Nahrung verzehrt haben. Eine vollwertige Ernährung, wie Sie sie mit der Vitalen Läuferkost erhalten, ist daher die entscheidende Sportlernahrung.

- **Essen Sie als ersten Gang jeder Mahlzeit Rohkost.** Rohkost wird schnell verdaut, liefert wertvolle Faserstoffe und macht satt. Frischkornmüsli, Blattsalat oder Obstsalat eigenen sich gut als erster Gang.
- **Verzehren Sie jedes Gemüse roh, das nicht unbedingt gekocht werden muss.** Jeder Verarbeitungsschritt kostet wertvolle Nähr- und Vitalstoffe. Der Vorgang der Erhitzung zerstört die Eiweiße und kostet viele Vitamine und Aromastoffe. Daher schmecken viele Gemüse roh besser als gekocht.
- **Kochen oder blanchieren Sie in erster Linie nur Gemüse, die ungekocht nicht verträglich sind.** Dazu zählen beispielsweise Kartoffeln, Linsen, Auberginen, Erbsen und Bohnen. Gemüse, die gekocht werden müssen, kamen bei den Sammlern und Jägern nicht vor und spielen daher auch in der Vitalen Läuferkost nur eine sehr untergeordnete Rolle.
- **Essen Sie täglich frisch verarbeitetes Getreide,** auch die sogenannten Pseudogetreide. Dazu zählen täglich frisch geflockte, geschrotete oder gemahlene Körner wie Weichweizen, Hartweizen, Roggen, Dinkel, Emmer, Kamut, Hafer, Gerste, Hirse, Buchweizen, Reis, Amaranth und Quinoa.
- **Betrachten Sie Frischgemüse und Salate als Ihre Hauptspeisen.** Vollkornnudeln, Kartoffeln und Vollkornreis sind die Beilagen. Gewichten Sie entsprechend die Portionen.

Rohkost bzw. unerhitzte Frischkost

Unter Rohkost versteht man alle pflanzlichen Lebensmittel, die in möglichst erntefrischer Form, ohne lange Lagerung und Weiterverarbeitung durch Erhitzung (Braten, Kochen oder Backen) verzehrt werden können. Dazu zählen in erster Linie Obst und Gemüse, darüber hinaus aber auch Getreide, Kräuter, Nüsse, Ölsaaten und Ölfrüchte. Auch kaltgepresste und nicht raffinierte Speiseöle gehören dazu. Rohkost hat den Vorteil, dass es nicht zu einem Nähr- und Vitalstoffverlust durch Erhitzung kommt. Rohkost können Sie bedenkenlos in großen Mengen verzehren und sie sättigt mehr als erhitztes Obst und Gemüse.

Mit vitalstoffreichem Kohl kommen Sie gut über den Winter.

- **Verwenden Sie Nudeln und Reis ausschließlich aus vollem Korn.** Helle Pasta ist keine vollwertige Läuferkost – dieser Pasta fehlen vor allem die wichtigen Faserstoffe, die für eine lange und gute Sättung wichtig sind. Vollkornreis hat eine nussige Note und passt gut zu Sommergemüse.
- **Essen Sie täglich kleine Mengen Nüsse und Ölsaaten.** Diese zählen zu den Produkten, die Sie auch verpackt kaufen dürfen. Der Handel bietet eine gute Auswahl an Nüssen und Ölsaaten auch in Bio-Qualität.
- **Essen Sie nur Vollkornbrot.** Idealerweise backen Sie Ihr Brot aus frisch gemahlenem Getreide selbst. Vollkornbrot ist ein praktischer Kompromiss – gerade als Verpflegung für unterwegs, am Arbeitsplatz oder auf Reisen (mit Salatblättern, Gurken- oder Radieschenscheiben belegt besonders erfrischend).
- **Verwenden Sie grundsätzlich Produkte in Bio-Qualität, denn Bio ist eigentlich normal, Nicht-Bio hingegen unnatürlich.** Wenn Sie keine Bio-Produkte bekommen, dann gilt der Leitsatz, dass gespritztes Gemüse immer noch besser ist als gar kein Gemüse. Dies soll Sie aber nicht davon abhalten, in der Regel Obst, Gemüse und Fleisch aus ökologisch einwandfreier Herstellung zu kaufen.
- **Verwenden Sie ausschließlich kalt gepresste und nicht raffinierte Öle.** Nutzen Sie auch die reichhaltige Auswahl an Ölen, beispielsweise Raps-, Distel-, Sonnenblumen-, Lein- oder Olivenöl, die Sie mit lebensnotwendigen Fettsäuren versorgen. Jedes Öl hat einen eigenen Geschmack, mit dem Sie Ihre Gerichte verfeinern können.
- **Bevorzugen Sie saisonale und regionale Produkte.** Auch wenn heutzutage beinahe jede Frucht ständig verfügbar ist, so ist deren regelmäßiger Verzehr über das ganze Jahr hinweg unnötig. Essen Sie beispielsweise im Sommer Blattsalate und im Winter Kohlgemüse. Essen Sie Obst dann, wenn es frisch geerntet werden kann. Produkte aus der Region, die frisch von der Ernte auf den Tisch kommen sind ideal.
- **Trinken Sie als Durstlöscher Wasser.** Leitungswasser, Mineralwasser oder Quellwasser sind die erste Wahl. Kräutertees und Fruchtsaftschorlen sind Genussmittel, die in Maßen getrunken unbedenklich, für vollwertige Ernährung aber unnötig sind.

So vermeiden Sie Fitnessbremsen

Mindestens ebenso wichtig wie die positiven Empfehlungen sind die Hinweise, welche Nahrungsmittel Sie grundsätzlich besser meiden sollten. Die nachfolgenden Produkte sind nicht vollwertig, wirken sich leistungsmindernd aus und können für Stoffwechselkrankheiten verantwortlich sein. Sie können sie auch als »Fitnessbremsen« bezeichnen.

- **Meiden Sie alle Fabrikzuckerarten.** Dazu zählen weißer und brauner Zucker, Traubenzucker, Fruchtzucker, Milchzucker, Malzzucker, Vollrohrzucker, Sucanat, Rübensirup, Ahornsirup, Apfeldicksaft, Birnendicksaft, Melasse, Maltodextrin, Frutilose, Gerstenmalz und vieles mehr. Achten Sie auch auf die Inhaltsangaben der von Ihnen eingekauften Fertigprodukte. Tomatenketchup, Senf, angemachte Gurken usw. enthalten oft Industriezucker oder künstliche Zuckerersatzstoffe als Süßungsmittel.
- **Meiden Sie alle Produkte aus Auszugsmehl.** Graubrote, Weißmehlbrötchen und Gebäck aus Auszugsmehl gehören nicht auf Ihren Speiseplan. Unbedenklich sind Vollkornbrot, Vollkornbrötchen oder Gebäck aus vollem Korn.
- **Meiden Sie alle raffinierten Fette** (sämtliche Margarinesorten und nicht-native Öle). Erhitzte, gehärtete, entsäuerte, laugeraffinierte, filtrierte, gebleichte oder gefärbte Fette sind keine natürlichen Lebensmittel mehr und gehören nicht in Ihren Körper.
- **Meiden Sie Fleisch, Fisch und Erzeugnisse daraus.** Für eine vollwertige Ernährung sind Fleisch und Fisch nicht notwendig. Millionen Vegetarier, darunter auch viele Leistungssportler, beweisen das. Wenn Sie dennoch auf Fleisch und Fisch nicht verzichten wollen, dann verzehren Sie maximal zweimal pro Woche eine Portion Fleisch und einmal pro Woche Fisch. Bevorzugen Sie Produkte aus ökologisch einwandfreier und artgerechter Tierhaltung.
- **Verzichten Sie weitestgehend auf Milchprodukte.** Dazu zählen neben der Milch auch Käse, Butter, Sahne, Joghurt und Quark. Kein Lebewesen sollte nach der Säuglingsphase Muttermilch trinken oder die Produkte daraus, schon gar nicht die Milch einer anderen Art. Geringe Mengen gelten aber als gesundheitlich unbedenklich.
- **Vorsicht bei Kaffee, grünem und schwarzem Tee, Obst- und Gemüsesäften und Trockenobst:** Das sind Genussmittel, die insbesondere von allen Magen-, Darm-, Leber- und Gallenempfindlichen konsequent gemieden oder nur in kleinen Mengen getrunken werden sollten – auf keinen Fall jedoch täglich. Koffein und Teein putschen künstlich auf, täuschen Leistungsfähigkeit vor und machen abhängig.
- **Verzichten Sie auf alkoholische Getränke.** Alkohol benebelt die Sinne, macht dick und träge. Alkohol hat mit 7 Kilokalorien einen hohen Energiewert, nur Fett liegt mit

9 Kilokalorien pro Gramm darüber. Darüber hinaus wird der Organismus – insbesondere die Leber beim Abbau von Alkohol stark belastet. Sie sehen, Fitness und Alkohol vertragen sich nicht besonders – als gesundheitsbewusster und fitnessorientierter Läufer sollten Sie daher Alkohol, auch in kleinen Mengen, grundsätzlich meiden.

- **Finger weg von Limonaden, Cola, Energy-Drinks und Sportgetränken.** Diese Getränke haben keinen Nutzen, behindern allerdings den natürlichen Stoffwechsel und wirken damit direkt auf die Gesundheit und Leistungsfähigkeit. Sportgetränke sollten sie im Training nie und bei Wettkämpfen nur dann nutzen, wenn keine vollwertige Verpflegung möglich ist und der Wettbewerb länger als vier Stunden andauert.

Ausnahmen von diesen Regeln

Beachten Sie bitte, dass meine Empfehlungen grundsätzlichen Charakter haben. Grundsätzlich heißt, dass Sie sich so weit wie möglich daran halten sollten, um Ihre Ernährung maximal gesund zu gestalten und damit Ihre höchste Leistungsfähigkeit zu gewährleisten. Das heißt aber nicht, dass es schädlich ist, wenn Sie mal ein Glas Bier und mal einen

Alkohol und Sport vertragen sich nicht – setzen Sie auf gesunde Durstlöscher, dann klappt's.

Espresso trinken bzw. mal ein Stück Kuchen, mal ein Croissant, mal gespritztes Obst oder mal ein Stück Käse verzehren. Aber wenn Sie beispielsweise jeden Abend Käse (Milchprodukt) mit Graubrot (Brot aus Auszugsmehl) essen würden, dann ist eine vollwertige Ernährung nicht gewährleistet.

Nur nicht fanatisch werden

Wenn Sie eingeladen sind und Ihnen kein vollwertiges Essen angeboten wird, bleiben Sie locker und bedenken Sie, dass Sie davon nicht krank werden. Es ist wichtig, nicht fanatisch zu werden, denn Fanatismus macht krank. Wer sich grundsätzlich vollwertig ernährt, der kann sich den einen oder anderen Fehlgriff erlauben. Ihre Form wird davon nicht abhängen. Machen Sie Ihre Wohnung zur »vollwertigen Zone«, dann sind gelegentliche Ausnahmen auswärts kein Problem.
Manchmal ist es auch förderlich, wieder mal »rückfällig« zu werden. Manch einer erlebt erst dann, wie sich sein Körper inzwischen umgestellt hat und sich gegen falsches Essen wehrt. Übelkeit als Folge der Rückkehr in alte Essgewohnheiten ist keine Seltenheit bei Menschen, die bei einem geselligen Anlass mal wieder die »gute alte Kaffee- und Kuchen-Tafel« genießen durften.

70 Prozent sind zu wenig

Manchmal höre ich Aussagen wie »Ich mache 70 Prozent richtig«. Das, liebe Leserinnen und liebe Leser, funktioniert leider nicht. Wie immer diese 70 Prozent quantifiziert werden,

Ein Vollkornmüsli mit frischem Obst ist der optimale Start in den Tag.

der Qualitätsverlust der Ernährung ist mit 30 Prozent Abweichung zu groß. Was nützen beispielsweise die 70 Prozent gesunden Nähr- und Vitalstoffe, wenn Ihr Energie- und Baustoffwechsel durch die 30 Prozent denaturierte Nahrung nicht richtig arbeiten kann? Ich kenne Sportler, die ihren Knorpelschaden mit Kollagentabletten behandeln, aber weiterhin Zucker verzehren, was den natürlichen Knorpelaufbau verhindert.
Halten Sie sich so weit wie möglich an die beschriebenen Empfehlungen, Ihre Fitness wird es Ihnen danken. Wenn Sie sich ausnahmsweise mal nicht daran halten können, so können Sie allerdings sicher sein, dass Sie keinen Schaden davontragen werden.
In der unmittelbaren Wettkampfvorbereitung allerdings, also spätestens in den letzten vier Tagen vor Ihrem sportlichen Höhepunkt, rate ich Ihnen im Sinne einer maximalen Chancenausnutzung, auf jedes Experiment mit nicht vollwertiger Nahrung zu verzichten.

Der 4-Wochen-Durchhalteplan

Wenn Sie sich entscheiden, künftig vollwertig zu leben, dann kann mein 4-Wochen-Durchhalteplan einen optimalen Start für Sie darstellen. Er funktioniert allerdings nur, wenn alle Mitglieder in Ihrer Wohngemeinschaft oder Familie daran teilnehmen. Lernen Sie zunächst, die Fitnessbremsen zu erkennen und zu vermeiden, um im weiteren Schritt meine Empfehlungen von Seite 71 f. nach und nach umzusetzen.

Ab in die Kiste!

Beginnen Sie am Freitagabend nach dem Abendessen. Holen Sie sich einige Körbe oder Kartons und lagern Sie dort für die nächsten vier Wochen alle Nahrungsmittel, die in Ihrer vollwertigen Küche nichts mehr zu suchen haben. Dazu gehören Fertigmüsli, Kaffeepulver, Konserven aller Art, Haushaltszucker in jeder Form, Süßstoff, Marmeladen, Nuss-Nougat-Cremes, Süßigkeiten, alkoholische Getränke, Eiernudeln, Auszugsmehle, polierter Reis, Kakaopulver, Trockensuppen, Puddingpulver, gewöhnliche Backzutaten (Vanillezucker, Backpulver, Aroma, Tortenguss) und alle Produkte, denen Zucker zugesetzt wurde, wie Senf, Ketchup u. v. m. Nicht in diese Kartons gehören leicht verderbliche Lebensmittel oder Tiefkühlwaren.

Ziel dieser Aktion ist es, dass Ihnen die leer geräumten Schränke eine Chance für einen echten Neuanfang geben. Beschäftigen Sie sich mit den Inhaltsstoffen der Produkte und wenn Sie Zusätze wie Zucker, Fruchtzucker, künstliches Aroma, E-Nummern o. Ä. finden, dann ab in die Kiste! Zudem wird Ihnen durch dieses Aufräumen sicher klar, wie viele Fit-

Die Bio-Siegel

Mehrere Bio-Siegel werben um das Vertrauen der Konsumenten. Das bekannteste ist das deutsche, sechseckige Bio-Siegel, das nur Hersteller erhalten, die sich den Bestimmungen und Kontrollen der EG-Okö-Verordnung unterziehen. Kerninhalte sind das Verbot der radioaktiven Bestrahlung von Öko-Lebensmitteln, der Verzicht auf gentechnisch veränderte Organismen, chemisch-synthetische Pflanzenschutzmittel und leicht lösliche, mineralische Düngemittel. Erwartet wird auf den landwirtschaftlichen Nutzflächen eine abwechslungsreiche Fruchtfolge, flächengebundene, artgerechte Tierhaltung und Fütterung mit ökologisch produzierten Futtermitteln unter Verzicht auf Antibiotika und leistungsfördernde Zusätze.
Weniger bekannt ist das europäische Bio-Siegel mit der Aufschrift »Biologische Landwirtschaft«. Neben den staatlichen Bio-Siegeln gibt es private Siegel verschiedener Produktionsverbände, deren Richtlinien teilweise über die staatlich geforderten Kriterien hinausgehen. Die bekanntesten sind Demeter, Naturland und Bioland.

nessbremsen Sie in Ihren Vorräten hatten. In diesen Kartons finden Sie nun Ihre bisherigen Ernährungsgewohnheiten. Wahrscheinlich schlummert hier eine Menge Ihres Haushaltsgelds. Sei's drum, Sie wollen fitter werden – auf zu einem neuen Leben!

> ### Heißhunger
>
> Wenn Sie mal wieder Lust auf Süßes haben, so wie früher als Sie noch ungesunde Süßigkeiten gegessen haben, dann stillen Sie Ihre Lust mit einem Löffel Honig. Der Zucker geht sofort ins Blut und schon nach wenigen Minuten ist der Heißhunger auf Süßes gestillt.

Der Einkaufstag

Am Samstagvormittag nehmen Sie sich die Rezepte in diesem Buch vor und machen einen großen Einkaufszettel. Kaufen Sie nur frische Ware ein. Nutzen Sie diesen Tag für einen gemeinsamen Einkauf. Starten Sie wenn möglich auf dem Wochenmarkt, in einem Bio-Laden oder einem Supermarkt mit einem breiten Bio-Warenangebot.

Kaufen Sie nun für die nächsten vier Tage ein. Auf diese Weise haben Sie für das Wochenende und den Wochenanfang ausgesorgt und Sie brauchen erst wieder am Dienstag die nächsten Einkäufe zu tätigen. Erschrecken Sie nicht, wenn Sie die Summe der ersten Ausgaben betrachten. Wenn Sie bisher keine guten Öle und Essige zu Hause hatten, wird der Einkauf teuer. Aber diese sind Vorratskäufe und reichen Ihnen über einen längeren Zeitraum.

Hindernisse – halten Sie durch

Für viele wird der Verzicht auf Kaffee, Espresso, Cappuccino oder Latte macchiato ieine große Herausforderung sein. Sehr häufig stellen sich schon am Nachmittag des ersten koffeinfreien Tages oder auch erst am zweiten Tag Kopfschmerzen ein. Da müssen Sie nun durch. Gewinnen Sie diesen Schmerzen etwas Positives ab, zeigen Sie Ihnen doch recht deutlich, dass Sie bereits koffeinabhängig waren. Dies wäre Ihnen sonst vermutlich nicht bewusst geworden. Doch keine Sorge, spätestens ab dem fünften Tag sind die Kopfschmerzen passé.

Die Lust auf Süßes ist eine ähnliche Hürde. In Ihrem Haushalt sollte keine Falle mehr locken. Aber die Kollegen, Ihre Gäste oder die

Bevorzugen Sie biologisch erzeugte Lebensmittel.

mit reichlich Süßigkeiten gefüllten Regale an der Tankstellenkasse könnten Sie in Versuchung führen. Halten Sie durch, auch hier werden Sie nach wenigen Tagen weniger Probleme haben, wenn Sie konsequent an einer vollwertigen Ernährung festhalten.

Fazit nach vier Wochen

Durch den vierwöchigen konsequenten Verzicht auf alle Fitnessbremsen werden Sie einen echten Neuanfang erleben. Spätestens in der zweiten Woche werden Sie die ersten positiven Veränderungen feststellen. Die Verdauung wird leichter, die Konzentrationsfähigkeit steigt und die Müdigkeit nach dem Training wird spürbar weniger, die Regenerationszeit kürzer. Weitere positive Effekte werden sich bald einstellen.

Nach diesen vier Wochen haben Sie eine echte Alternative zu Ihrem bisherigen Ernährungsstil kennengelernt und können eine Entscheidung treffen. Ich denke, dass Ihre Entscheidung für eine vollwertige Ernährung ausfällt und Sie den alten Waren nicht hinterher trauern. Überlegen Sie nun, was Sie mit den deponierten Fitnessbremsen machen wollen. Mein Vorschlag lautet, hochprozentigen Alkohol zu entsorgen und die restlichen Produkte an sogenannte Tafeln zu verschenken. Diese versorgen arme Menschen kostenfrei mit Lebensmitteln – so tun Sie sich und anderen Gutes.

Auch an Tankstellen locken Süßigkeiten. Nehmen Sie auf längeren Autofahrten lieber etwas Obst mit.

Vollwertige Ernährung rund um einem Wettkampf

Wer sich im Alltag vollwertig ernährt, ist bezüglich der Ernährung schon mal bestens auf einen sportlichen Wettbewerb vorbereitet. Dennoch können Sie in der unmittelbaren Vorbereitung auf einen Wettkampf manches noch besser machen und unnötige Fehler vermeiden.

Ernährung in der Woche vor dem Wettkampf

Planen Sie Ihr Essen in der Vorwettkampfwoche genau so bewusst wie Ihr Training. Planung gibt Sicherheit und Sicherheit vermittelt Selbstvertrauen. Es hat sich als günstig für die Kohlenhydratspeicher erwiesen, wenn vier bis fünf Tage vor einem Wettkampf, ein letztes intensives Training erfolgt, damit die Glykogendepots nochmal entleert und diese in den Folgetagen bei lockerem Training mit sinkenden Umfängen gezielt wieder aufgefüllt werden können. Je nach Trainingsumfang soll, verschiedenen Ernährungswissenschaftlern zufolge eine Verdopplung der Glykogenvorräte durch diese Art der Vorbereitung möglich sein. In meinen Trainingsplänen nach der Laufcampus-Methode, egal ob zur Vorbereitung eines 10-Kilometer-Laufs, Halbmarathons oder Marathons, habe ich bewusst, vier bis fünf Tage vor dem Wettkampf ein letztes, aber nicht zu intensives Intervalltraining vorgesehen, das nicht die Fettverbrennung trainiert, sondern die Kohlenhydratspeicher leert.

In der Folge sollte gezielt und vermehrt kohlenhydratreiche Nahrung verzehrt und dabei fettreiche Beilagen gemieden werden.
Als »Carbo-Loading« ist diese Form des gezielten Energiedepot-Auffüllens in der Sportwelt bekannt. Frischkornmüslis, Vollkornbrote, Nudel-, Reis- oder Kartoffelgerichte sollten nun täglich auf dem Speiseplan stehen. Statt der drei gewohnten Hauptmahlzeiten helfen dem Organismus in der Vorwettkampfzeit fünf kleinere Mahlzeiten pro Tag die Kohlenhydrate einzulagern. Die Rezepte in diesem Buch machen Ihnen dazu viele optimale Vorschläge. Von der verschärften Form

Pasta – des Läufers Lieblingsspeise!

Erfolge durch die Umsetzung der Vitalen Läuferkost

- Für Sie ist das Thema »vollwertige Ernährung« vielleicht neu und Sie werden sich fragen, wie lange es wohl dauern mag, bis Sie von der Vitalen Läuferkost spürbar profitieren. Der Effekt ist umso schneller erlebbar, je konsequenter Sie sich darauf einlassen. Doch je leerer Ihre körpereigenen Vitalstoffdepots sind, umso länger dauert es, sie wieder aufzufüllen. Und wer durch jahrelange Zivilisationskost Erkrankungen im Bewegungsapparat wie Knorpelschäden davongetragen hat, kann nicht erwarten, dass diese in wenigen Tagen behoben sind. Aber Hartnäckigkeit in der Umsetzung der Vitalen Läuferkost zahlt sich früher oder später definitiv aus.
- Auch Übergewicht verschwindet bei Laufanfängern nicht von heute auf morgen, sondern es dauert oft einige Monate, bis es auf der Waage merkbar nach unten geht. Denn parallel zum Fettabbau bauen Sie gerade zu Beginn Ihrer Laufkarriere verstärkt Muskeln auf. Und Muskeln sind schwerer als Fett. Doch spätestens nach 10 bis 12 Wochen meldet die Waage erste und vor allem dauerhafte Erfolge, wenn Sie der Lauferei und der vollwertigen Ernährung die Treue halten.
- Ich habe mich schon vor meiner Umstellung auf die Vitale Läuferkost sehr bewusst ernährt. Ich gehörte zu denen, die 70 Prozent richtig gemacht haben und auch mein Gewicht war sehr gut. Doch ein Idealgewicht ist nicht alles und sagt nur oberflächlich etwas über den Gesundheitszustand aus. Bei mir hat der konsequente Verzicht auf die Fitnessbremsen und der vermehrte Verzehr von Rohkost, schon innerhalb von nur vier Wochen spürbare Veränderungen bewirkt. Ich fühlte mich wohler in meiner Haut, regenerierte nach dem Training merklich schneller, brauchte weniger Schlaf und auch meine Wettkampfleistungen waren besser denn je. Meinen ersten Marathon und meinen ersten 10-Kilometer-Wettkampf nach der Ernährungsumstellung beendete ich am Saisonende jeweils ungeplant mit neuen persönlichen Bestleitungen. Weitere Bestzeiten folgten. Aber vor allem verschwand meine schon fast chronische Magenreizung gänzlich. Auch meine seit Jahren immer wieder auftretenden nächtlichen Schwitzattacken (angeblich bei Ausdauersportlern ganz normal) blieben völlig aus. Zur Verwunderung meines Optikers verringerte sich innerhalb von sechs Monaten meine Kurzsichtigkeit um 0,5 Dioptrien.
- Vielleicht sind auch alle meine Verbesserungen im persönlichen Befinden und beim Sport purer Zufall. Wahrscheinlich aber liegt es aber an der Ernährung. Nach 18 Monaten Vitaler Läuferkost fühle ich mich besser denn je.
- Bleiben Sie dran! Und wenn Sie wollen, schicken Sie mir Ihre persönliche Erfolgsgeschichte an andreas@laufcampus.com. Mit Ihrem Einverständnis werde ich sie zur Motivation anderer auf meiner Homepage www.laufcampus.com veröffentlichen.

des Carbo-Loadings, der »Saltin-Diät«, die schon drei Tage zuvor mit einem Kohlenhydratverzicht und vermehrtem Fett- und Eiweißkonsum beginnt, rate ich hingegen dringend ab. Diese Ernährungsform ist keineswegs vollwertig und kann zu heftigen Magen- und Darmproblemen führen.

Der Vorwettkampftag

Mit dem Vorwettkampftag beginnt ernährungstechnisch Ihr Countdown. Es geht am letzten Tag primär darum, Fehler zu vermeiden. Richtig haben Sie ja vorher schon alles gemacht.

Kartoffeln mit Quark sind mein Favorit am Vorwettkampftag.

- Achten Sie darauf, ausreichend zu trinken. Sie werden beim Wettkampf durch das intensive Schwitzen viel Körperflüssigkeit verlieren, umso wichtiger ist es gut hydriert in den Wettkampf zu gehen. Trink- oder Mineralwasser sind dafür bestens geeignet. Auch leichte, natürlich selbst gemachte und damit garantiert ungesüßte Saftschorlen sind erlaubt.
- Vermeiden Sie Experimente jeder Art. Auf neue Gerichte und unbekannte Gewürze sollten Sie am Tag vor Ihrem Saisonhöhepunkt verzichten. Kartoffeln mit Quark, Vollkornnudeln mit Tomatensauce, Vollkornreis mit Gemüse haben sich als Mahlzeiten am Vorwettkampftag bei vielen Ausdauersportlern bewährt.
- Am letzten Tag macht eine professionelle Einstellung Sinn. Seien Sie Egoist und vermeiden Sie Kompromisse. Der Freunde wegen in ein Restaurant zu gehen, in dem Sie nicht die für Sie richtige Kost finden, kann den Erfolg einer langen Vorbereitung mit nur einem Essen kaputt machen. Ziehen Sie Ihr eigenes Ernährungsprogramm durch und laden Sie Ihre Lauffreunde lieber zum Essen ein.
- Vor lauter Nervosität zu viel zu essen, auch das kommt bei Sportlern immer wieder einmal vor, und kann durch verstärkte Verdauungsarbeit die Nachtruhe kosten. Ich kann ein Lied davon singen, aber meistens werde ich aus Fehlern immer wieder etwas schlauer.

Ernährung unmittelbar vor dem Wettkampf

Die letzte Mahlzeit vor einem Wettkampf sollten Sie ebenfalls planen und vorher unbedingt mal im Trainingsalltag geprobt haben. Die letzte Nahrungsaufnahme ist umso wichtiger, je länger die Laufdistanz ist. Bei Läufen bis 10 Kilometer müssen Sie hauptsächlich darauf achten, nichts Falsches zu essen, was zu Unwohlsein führen könnte. Bei Läufen über die Marathondistanz und mehr kommt der letzten Mahlzeit als Energielieferant eine entscheidende Bedeutung zu.

Meine Vorschläge für die letzte Mahlzeit

- Bis spätestens drei Stunden vor dem Wettkampf sollten Sie letztmalig kohlenhydratreich gegessen haben. Eine gute Mischung lang- und kurzkettiger Kohlenhydrate ist nun angesagt. Den »Falschen Milchreis« (siehe Rezepteteil Seite 92) kann ich Ihnen wärmstens empfehlen, selbstverständlich ist auch eines der Frischkorn-Müslis (die ohne Sahne) ideal, gerade wenn Sie es als Frühstück gewohnt sind und bereits im Training als letzte Mahlzeit ausprobiert haben. Auch Vollkornnudel- oder Vollkornreisgerichte sind als Vorwettkampfnahrung empfehlenswert, insbesondere dann, wenn das Rennen am Nachmittag oder frühen Abend stattfindet.

- Haferschleim (6 Esslöffel frisch geflockte Haferflocken, 1 Esslöffel Honig mit 1 Prise Salz in ½ Liter Wasser zum Kochen bringen, Herd dann ausschalten und unter ständigem Rühren eindicken lassen, schmeckt warm wie kalt) ist bei Ultraläufern sehr beliebt, auch ich habe damit schon gute Erfahrungen gemacht. Beim Rennsteiglauf wird der Haferschleim sogar als Streckenverpflegung gereicht.

- Gehen Sie auf keinen Fall, ohne vorher gegessen zu haben, an den Start. Was im Training erlaubt ist und durchaus als Fettstoffwechseltraining Sinn machen kann – ein lockerer Lauf auf nüchternem Magen – überfordert Ihren Energiestoffwechsel in der viel intensiveren Wettkampfsituation. Ein Hungerast und damit ein Leistungseinbruch kann die Folge sein und Sie aus allen sportlichen Träumen reißen. Auch während der Nachtruhe haben Ihre Organe Energie verbraucht, folglich müssen Ihre Glykogenspeicher auch bei einem Rennstart am frühen Morgen, wie dies oft bei Marathonveranstaltungen der Fall ist, wieder aufgefüllt werden. Daher immer gut genährt an den Start gehen.

- Trinken Sie bis maximal zwei Stunden vor dem Wettkampf die üblichen Mengen, am besten Leitungs- oder stilles Mineralwasser. Die folgende zweistündige Trinkpause

Mit meinem speziellen Milchreisrezept (Seite 92) habe ich gute Erfahrungen vor Marathon- und Ultraläufen gemacht.

reicht, um die Blase wieder zu entleeren und lästiges Austreten während des Wettkampfes zu vermeiden. Es macht keinen Sinn mehr zu trinken als sonst, denn der Mensch ist kein Kamel und hat keinen organischen Trinkwasserspeicher.
- Bei Wettkämpfen, die länger als zwei Stunden dauern, ist eine Stunde vor dem Start noch ein Viertel reife Banane ratsam, ein Schluck Wasser reicht zum Nachspülen.
- Meiden Sie vor dem Wettkampf Nahrung, die schwer verdaulich ist oder die Verdauung zu stark anregt. Weder Fleisch, fette Wurst, Milchprodukte noch Trockenfrüchte sollten Sie unmittelbar vor einem Wettkampf zu sich nehmen. Bedenken Sie, dass der Magen während des Wettkampfs unterversorgt ist. Wasser und Blut werden ihm entzogen und den auf Hochleistung eingestellten Muskeln zur Verfügung gestellt. Die Folge falscher Ernährung wäre, dass ein voller Magen, angeregt durch die Erschütterung der Laufschritte, Halbverdautes in den Darm drückt und damit für Blähungen, Krämpfe und Durchfall sorgt.

Ernährung beim Wettkampf

Je besser trainiert und ernährt ein Sportler ist, umso größer und gefüllter sind seine Energiedepots und umso weniger wichtig ist die Ernährung während des Wettkampfs. Bei Distanzen bis 10 Kilometer oder einer Stunde brauchen Sie sich um die Wettkampfnahrung keine Gedanken zu machen. Die Wettkampfzeit ist für die Verdauungsorgane zu kurz, um Nahrung zu verstoffwechseln, damit Sie dem Körper als Energie noch während des Rennens zur Verfügung steht. Auch der mit sportlicher Betätigung einhergehende Flüssigkeitsverlust ist selbst bei großer Hitze nicht leistungsmindernd und gesundheitsschädlich. Versorgen Sie sich also ruhig erst wieder nach dem Rennen mit Nahrung und Getränken. Bei Renndauern von 90 Minuten und mehr sieht es dagegen anders aus. Hier macht es Sinn, sich über die Versorgung beim Wettkampf Gedanken zu machen. Je länger Sie unterwegs sind, umso wichtiger wird der Ausgleich des Flüssigkeitsverlustes und die Aufnahme neuer Nahrungsenergie. Zum Vergleich: Die deutsche Spitze benötigt für einen Halbmarathon weniger als 65 Minuten, das hintere Drittel des Teilnehmerfelds einer regionalen Halbmarathonveranstaltung benötigt hingegen 2,0 bis 2,5 Stunden.

Meine Vorschläge für die Wettkampfernährung

- Trinken Sie Wasser oder Apfelsaftschorle und davon nicht mehr als 0,2 Liter pro 30 Minuten Laufzeit. Mehr kann Ihr Körper gar nicht verarbeiten.
- Da der Flüssigkeitsausgleich des Körpers über den Dünndarm geschieht, ist es entscheidend, wie schnell die Trinkmenge den Magen passiert und den Dünndarm erreicht. Kohlenhydratreiche Getränke haben sich als schneller resorbierbar erwiesen als reines Wasser. Apfelsaftschorle mit einer Prise Salz ist ideal. Das Natrium im Salz unterstützt die Flüssigkeitsaufnahme.

- Bei sogenannten Sportgetränken sollten Sie vorsichtig sein, gerade wenn Sie diese nicht gewohnt sind. Verlängern Sie diese sicherheitshalber mit Wasser. Dies ist bei Laufveranstaltungen möglich, denn Sportgetränke und Wasser werden meist hintereinander gereicht. Ich habe zudem den Eindruck, dass es viele Helfer an den Versorgungsständen etwas zu gut mit den Läufern meinen und es daher bei der Dosierung der Elektrolytgetränke manchmal übertreiben. Die Folge ist ein süßer, klebriger Trank, der weder schmeckt, noch gut bekömmlich ist.
- Handelsübliche Energy-Gels sollten Sie, wenn überhaupt, dann nur in kleinen Mengen verwenden. 25 bis 30 Gramm pro Portion reichen. Diese müssen immer mit reichlich Wasser nachgespült werden. Meines Erachtens ist feste Nahrung als Zwischenmahlzeit erst ab Renndauern von mehr als 200 Minuten, also nur bei Marathon- oder Ultrastrecken angebracht. Sportriegel sind beim Wettkampf ungeeignet, weil sie während der Verdauung zu viel Flüssigkeit binden.
- Als feste Nahrung und vollwertige Alternative zu Sportgetränken, Riegeln und Gels haben sich Wasser- und Honigmelonen bewährt. Diese Früchte liefern schnell Energie und reichlich Flüssigkeit. Auch kleine Portionen reifer Bananen oder aber frische Datteln lassen sich mühelos kauen, einspeicheln und schlucken. Und ein kräftiger Schluck Wasser danach zum Mundspülen tut gut.

Stilles Wasser reicht als Wettkampfverpflegung in den meisten Fällen aus.

Ernährung nach dem Wettkampf

Nach einem Wettkampf ist fast alles erlaubt, Sie haben es sich verdient. Nur gesund sollte es sein, denn die Nahrung nach dem Wettkampf ist der erste entscheidende Schritt auf der nun folgenden Erholungsetappe. Trinken Sie wiederum reichlich und verzehren Sie Kohlenhydrate und Eiweiß. Es geht zunächst in erster Linie darum, die Flüssigkeitsverluste auszugleichen, die Glykogendepots wieder aufzufüllen und mit Hilfe von Nahrungseiweiß Muskeleiweiß wieder aufzubauen. Eine Gemüsebrühe und Laugengebäck kann helfen, den Salzverlust wieder aufzufüllen.

Meine Vorschläge für die Regeneration nach dem Wettkampf

- Gegen den ersten Durst trinken Sie direkt nach dem Zieleinlauf am besten eine Apfelsaftschorle. Je länger die Wettkampfdauer war, umso größer ist der Flüssigkeitsverlust. Pro Stunde Sport können Sie mit rund einem Liter Flüssigkeitsverlust rechnen, der über die Ernährung nach und nach wieder aufgefüllt werden muss. Mehr als die Hälfte aller Marathonläufer brauchen vier Stunden und länger, haben demnach vier bis fünf Liter Flüssigkeit wieder aufzufüllen. Dafür braucht der Organismus mehr als 24 Stunden.
- Später, nach dem ersten Durstlöschen mit Wasser oder Saftschorle, ist auch mal ein erfrischendes Bier erlaubt. Betrachten Sie dies aber bitte nicht als Empfehlung. Alkohol sollte bei einer an sich vollwertigen Ernährung nur in Ausnahmefällen genossen werden. (Ein Bier zur Belohnung nach dem Marathon ist in Ordnung).
- Alternativ zur Fruchtsaftschorle, können Sie nach dem Wettkampf auch zu einer Gemüsebrühe greifen. Diese wird immer häufiger bei Marathon- und Ultramarathonveranstaltungen angeboten und versorgt Sie mit reichlich Mineralstoffen. Achten Sie aber darauf, dass Sie nicht zu viele unterschiedliche Nahrungsmittel essen, ansonsten drohen Unbekömmlichkeiten.
- Wer sich in den ersten zwei Stunden nach dem Wettkampf zudem eiweißreich ernährt, der startet noch besser in die Regenerationsphase. Denn um die beim Sport erlittenen mikroskopisch kleinen und nicht unbedingt sofort spürbaren Muskelverletzungen wieder zu kurieren, müssen Sie Proteine über die Nahrung als Baustoffe liefern. Manche Veranstalter reichen daher Vollkornbrot, eine gute erste Eiweiß- und Kohlenhydratquelle. Ein paar Scheiben Vollkornbrot oder einige Vollkornbrötchen passen auch, verpackt in einer Frischhaltebox, in jede Sporttasche.

Ohne Ausreden konsequent sein

In Interviews mit Profisportlern nach großen Erfolgen bei Meisterschaften oder den Olympischen Spielen wird oft die Frage gestellt, worauf sich die Athleten jetzt am meisten freuen würden. Gelegentlich kommt dann die spontane Aussage, dass sie sich riesig auf ein Bier oder ein Hamburger-Essen in einem Fastfood-Restaurant freuen würden. Dieser spontane Wunsch ist allzu verständlich, denn wer sich, wie Profiläufer und Profitriathleten das tun, grundsätzlich bewusst ernährt, der kann auch ausnahmsweise mal der einen oder anderen Verführung unterliegen. Das ist allzu menschlich und keineswegs verwerflich. Doch ich erlebe auch, dass diese Aussagen von Freizeitsportlern gerne aus dem Zusammenhang gerissen, falsch interpretiert oder als Alibi (vor dem schlechten Gewissen) missbraucht werden. Nach dem Motto: Wenn selbst ein Spitzenathlet nach dem Sport Bier trinkt, dann mache ich das auch. Doch Alkohol und Fastfood sollten, gerade bei Ausdauersportlern, die Ausnahme bleiben und nicht zur Regel werden.

Vitale Rezepte für den Läufer

Nach der Theorie folgt nun die Umsetzung. Dass vollwertige Kost schmackhaft und abwechslungsreich ist, werden Sie spätestens jetzt bei den leckeren Anregungen entdecken. Auf den folgenden Seiten finden Sie eine große Zahl unterschiedlichster Rezepte, die eine optimale Nähr- und Vitalstoffversorgung gewährleisten. Die vorgestellten Müsli, Salate, Gemüse und Fleischgerichte gelingen leicht und beeindrucken sogar Ihre Gäste.

Alle Rezepte sind für zwei Personen berechnet.

Müsli – für den perfekten Start in den Tag

Ein selbst gemachtes Müsli ist der perfekte, vollwertige Start in den Tag. Vollkorngetreide und frisches Obst liefern alle wichtigen Nähr- und Vitalstoffe und damit Energie für Beruf und Sport. Natürlich können Sie Müsli auch zu anderen Tageszeiten genießen, aber eines pro Tag sollte es schon sein.

Mit Getreide aller Art

Der Begriff »Müsli« geht auf das vom Schweizer Arzt Maximilian Oskar Bircher-Benner entwickelte »Bircher-Müesli« zurück. Schon er war vor über 100 Jahren überzeugt, dass der Körper aus seiner »Apfeldiätspeise« (1 EL Haferflocken, 3 EL Wasser, 1 EL Zitronensaft, 1 EL Kondensmilch, 2 Äpfel, 1 EL Haselnüsse oder Mandeln) Lebenskraft ziehen kann. Noch heute ist das Grundrezept sehr ähnlich, jedoch verwenden wir nicht nur Haferflocken, sondern frisch geflocktes, geschrotetes oder gekeimtes Vollkorngetreide aller Art und statt Kondensmilch Wasser, Obstsäfte oder Sahne. Auch die Vielfalt des Obstes ist größer geworden. Handelsübliche Fertigmüsli dürfen Sie mit selbst gemachten Frischkorngerichten keineswegs gleichsetzen. Schon durch die Fertigung und Lagerung des Getreides kommt es zu einem bedeutenden Nährstoffverlust. Meistens sind die Fertigprodukte mit Zucker gesüßt und geringen Anteilen geschwefelter Trockenfrüchten verlängert, manchmal auch mit Vitamin- und Mineralstoffzusätzen ergänzt. Fertigmüsli sind keineswegs vollwertig und mit einem Frischkornmüsli nicht zu vergleichen.

Mein Rat

Für alle nachfolgenden Müslivariationen gilt folgender Zubereitungshinweis: Um ein frisches Körnermüsli am Morgen verzehrfertig parat zu haben, setzen Sie das Getreide bereits am Vorabend auf und lassen es über Nacht quellen. Dann brauchen Sie am folgenden Morgen nur noch die übrigen Zutaten zugeben. Achten Sie beim Aufsetzen des Getreides darauf, dass Sie nach dem Quellvorgang keine Flüssigkeit weggießen müssen, denn im Wasser oder Saft befinden sich nun wertvolle Mineralstoffe aus dem Getreide.

Frischkornbrei nach Dr. Bruker

6 EL Getreidekörner
1 EL Zitronensaft
2 EL Sahne
2 EL geriebene Haselnüsse oder Mandeln
1 EL Honig (nach Belieben)
2 Äpfel

1 Getreide in einer Mühle grob schroten. 150 Milliliter Wasser zugeben und 5 bis 12 Stunden abgedeckt quellen lassen.

Müsli – für den perfekten Start in den Tag

Das Apfel-Zimt-Müsli – der Klassiker unter den Müsli mit vielen Variationsmöglichkeiten

2 Danach Zitronensaft, Sahne, Nüsse und Honig nach Belieben dazugeben. Äpfel waschen und in Viertel schneiden. Apfelstücke fein reiben und sofort unter die Getreidemischung mengen.

3 Das ist die Grundmischung. Sie können saisonales Obst je nach Vorliebe hinzufügen.

Alternativ empfiehlt Dr. Max Otto Bruker die Zubereitung nach Dr. Evers. Hier wird statt geschrotetem Getreide gekeimtes Getreide verwendet. Dafür benötigen Sie entweder spezielle Keimgeräte oder ein Küchensieb und ein Einmachglas. Die Körner werden mit kaltem Wasser einige Stunden eingeweicht. Dann das Wasser abgießen, die Keimlinge sorgfältig im Sieb durchspülen, abtropfen lassen und in das Keimgefäß geben. Dieses stellt man an einen dunklen Ort. Den Spülvorgang in den folgenden Tagen 2-mal täglich wiederholen (vorher Keimlinge immer gut durchschütteln). In 2 bis 4 Tagen sind die Keimlinge »erntereif«.

Apfel-Zimt-Müsli mit Obst der Saison

3 EL Haferkörner
3 EL Buchweizen
80 ml Apfelsaft
45 g Cashewkerne
1 kleiner Apfel (ca. 200 g)
¼ TL gemahlener Zimt
1 EL Zitronensaft

1 Haferkörner frisch flocken und mit Buchweizen, Apfelsaft und 80 Milliliter Wasser vermischen. Abgedeckt etwa 1 Stunde lang ziehen lassen. Cashewkerne grob hacken oder mit den Fingern brechen. Den Apfel waschen und vierteln. Die Viertel fein reiben und mit Zimt und Zitronensaft unter die Getreidemischung heben.

2 Zu dieser Grundmischung können Sie saisonales Obst, z. B. Erdbeeren und Orangen, je nach Vorliebe hinzufügen.

Trauben-Mandel-Müsli

2 EL Hafer
je 2 EL Dinkel und 2 EL Quinoa
150 ml Traubensaft
100 ml Naturjoghurt
100 g Weintrauben
1 Banane
20 g gemahlene Mandeln
6 ganze Mandeln

1 Hafer und Dinkel in der Mühle grob schroten, Quinoa und Traubensaft unterrühren. Alles ca. 1 Stunde durchziehen lassen. Anschließend Joghurt dazugeben.

2 Trauben waschen und halbieren. Banane schälen, längs halbieren und quer in Scheiben schneiden. Das Obst zusammen mit den gemahlenen Mandeln unter das Müsli heben. Ganze Mandeln dekorativ darauf legen.

Mangomüsli

6 EL 6-Korn-Mischung
2 EL Sahne
½ Mango
1 Apfel
40 g gemahlene Walnusskerne
1 Messerspitze Bourbon-Vanille-Extrakt

1 Getreide in der Mühle grob schroten, mit 150 Milliliter Wasser vermischen und 8 bis 12 Stunden abgedeckt durchziehen lassen.

2 Sahne mit dem Handmixer kurz anschlagen und unter das eingeweichte Getreide mengen.

3 Mango schälen, Fruchtfleisch vom Kern trennen und in kleine Stücke schneiden. Apfel waschen, vierteln und anschließend in kleine Würfel schneiden. Obststücke, gemahlene

Das Trauben-Mandel-Müsli ist ein erfrischendes Herbstfrühstück.

Walnusskerne und Bourbon-Vanille-Extrakt unter die Getreide-Sahne-Mischung mengen.

4 Dies ergibt die Grundmischung des Müslis. Sie können nach Belieben weiteres Obst dazugeben. Gut passen Orangen, Aprikosen oder Pfirsiche.

Deftiges Müsli

je 3 EL Roggen und Weizen
1 EL Distelöl
1 EL Zitronensaft
100 g Salatgurke
100 g Möhre
1 kleine Paprika
2 Lauchzwiebeln
1 EL Sonnenblumenkerne
1 EL Kürbiskerne
Kräutersalz und Pfeffer aus der Mühle

1 Getreide in einer Mühle grob schroten, mit 150 Milliliter Wasser übergießen und abgedeckt 8 bis 12 Stunden durchziehen lassen (siehe »Mein Rat« Seite 88). Dann Öl und Zitronensaft unterrühren.

2 Das Gemüse waschen und putzen. Salatgurke, Möhre und Paprika in kleine Würfel, Lauchzwiebeln in 3 Millimeter breite Ringe schneiden. Das klein geschnittene Gemüse mit den Sonnenblumen- und Kürbiskernen zum Müsli geben.

3 Alles gut miteinander vermengen und mit Kräutersalz und Pfeffer abschmecken.

Das deftige Müsli ist eine würzige Alternative.

Bananen-Kokos-Müsli

3 reife Bananen
½ Zitrone
1 Orange
4 EL gekeimte Weizenkörner
60 g Kokosnussfleisch
½ Mango
1 Orange

1 Bananen schälen und Fruchtfleisch mit einer Gabel grob zerdrücken.

2 Zitrone und Orange auspressen. Saft und Bananen mit den Keimlingen vermengen.

3 Die drei dunklen Augen der Kokosnuss mit einem Nagel durchstechen und die Kokosnussmilch in ein Glas ablaufen lassen. Nuss mit einem Küchentuch gut festhalten und mit einem Hammer vorsichtig zerschlagen.

4 Das Fruchtfleisch herausschneiden und mit einem Stabmixer flockig zerkleinern.

5 Die Mango schälen und das Fruchtfleisch vom Stein schneiden. Dann in kleine Würfel zerteilen.

6 Orange schälen und ebenfalls in kleine Würfel schneiden.

7 Die Obststücke und das Kokosnussfleisch unter die Bananen-Keimling-Mischung mengen und in Schälchen servieren.

Falscher Milchreis

220 g Natur-Rundkornreis
80 g Buchweizen
1 l Sojatrunk
4 EL Rosinen
2 EL Honig

1 Alle Zutaten in einen Kochtopf geben und kurz aufkochen lassen.

2 Den Reisbrei bei niedriger Temperatur ca. 40 bis 45 Minuten köcheln lassen. Dabei immer wieder einmal umrühren. Achten Sie darauf, dass der Brei nicht zu fest wird, denn auch beim Auskühlen nimmt er noch Flüssigkeit auf.

3 Den Brei zum Abkühlen in eine Schüssel geben. Lauwarm oder gekühlt servieren. Dazu passt gut frisches Obst der Saison.

Dieses Gericht trägt seinen Namen »Falscher Milchreis«, da hier im Gegensatz zum bekannten Milchreis weder polierter Rundkornreis noch Milch verwendet wird. Dadurch wird es zu einem vollwertigen und leicht bekömmlichen Gericht – das sich hervorragend als Grundlage für einen Wettkampf eignet.

Der falsche Milchreis ist mein Favorit als letzte Mahlzeit vor einem Wettkampf.

Salate – die knackig-frischen Sattmacher

Salate aus Obst, Gemüse und Blattsalaten sind reich an Nähr- und Vitalstoffen und bilden damit, neben dem täglichen Frischkornmüsli, den Schwerpunkt der Vitalen Läuferkost. Es spricht gar nichts dagegen, tagelang nur Salate zu essen und auf erhitzte Gerichte zu verzichten. Ganz im Gegenteil, Ihre Fitness wird es Ihnen danken. Zumindest aber sollten Sie zweimal täglich zu den Hauptmahlzeiten wenigstens einen Salat essen. Oder machen Sie es wie wir zuhause, mittags als ersten Gang einen Blattsalat, danach eine kleine warme Speise und abends zwei Salate, einen mit Gemüse, das über der Erde wächst, und einen mit Gemüse, das unter der Erde wächst. Dazu gelegentlich ein selbst gebackenes Vollkornbrot mit einem Brotaufstrich. Als Zwischenmahlzeit gönnen wir uns immer wieder einen kleinen Obstsalat mit Nüssen.

Schnell und einfach zuzubereiten

Wegen der Wichtigkeit für Gesundheit und Fitness nehmen die Salatvariationen den größten Teil unserer Rezepte ein. Dabei haben wir auf eine möglichst einfache Zubereitung geachtet. Selten brauchen Sie mehr als 10 Minuten um einen vitalstoffreichen Salat zuzubereiten. Mit Gewürzen gehen wir eher sparsam um, da wir den Geschmack der verschiedenen Blattsalate, Gemüse- und Obstsorten genießen wollen. Fühlen Sie sich dennoch frei, Ihren Vorlieben folgend, die Salate mit frischen Kräutern und Gewürzen aufzupeppen.

Gurkensalat mit Senf

1 Salatgurke (ca. 300 g)
75 g Naturjoghurt
1 EL Sonnenblumenöl
½ EL Apfelessig
1 EL Senf
1 TL gehackter Dill
1 EL Akazienhonig

1 Gurke waschen und in feine Scheiben schneiden.

2 Für das Dressing die restlichen Zutaten in einer Schüssel kräftig verschlagen. Gurkenscheiben untermischen und sofort servieren.

Ein Gurkensalat, wie Sie Ihn vielleicht noch nicht kennen

Quinoasalat mit Cherrytomaten

100 g Quinoa
100 g Cherrytomaten
50 g Salatgurke
50 g Oliven ohne Kern
25 g Maiskörner aus der Dose
1 EL Olivenöl
1 EL Obstessig
Salz
Pfeffer aus der Mühle
½ Bund Schnittlauch

1 Quinoa in einem kleinen Topf mit 200 Milliliter Wasser zum Kochen bringen und 15 Minuten bei kleiner Hitze köcheln lassen. Dann zum Abkühlen in eine Schüssel geben.

2 Cherrytomaten und Gurke waschen. Die Tomaten je nach Größe halbieren oder vierteln. Die Gurke längs halbieren und in kleine Würfel schneiden. Die Oliven halbieren. Mais abgießen und zusammen mit den übrigen Zutaten zum Quinoa in die Schüssel geben.

3 Für das Dressing Öl und Essig verrühren und mit Salz und Pfeffer würzen. Schnittlauch abspülen und abtrocknen. Dann in feine Röllchen schneiden. Die Salatzutaten mit dem Dressing vermengen und Schnittlauchröllchen darüber streuen.

Feldsalat mit Champignons

150 g Feldsalat
2 EL Kürbiskerne
50 g Champignons
3 EL Walnussöl
1 EL Balsamicoessig
Pfeffer aus der Mühle

1 Feldsalat gründlich waschen und gut abtrocknen lassen. Kürbiskerne in einer Pfanne ohne Fett unter Rühren kurz anrösten und abkühlen lassen.

2 Champignons mit Küchenpapier abreiben und Stielenden abschneiden. In feine Scheiben schneiden.

3 Für das Dressing Öl und Essig verrühren und mit Pfeffer würzen. Den Salat mit dem Dressing vermengen und sofort servieren.

Der Salat schmeckt am zweiten Tag noch besser.

Chinakohlsalat mit Ananas

200 g Chinakohl
¼ Ananas
1 EL Leinöl
1 EL Traubenessig
2–3 Stängel Petersilie
2–3 Stängel Basilikum

1 Chinakohl waschen und gut abtrocknen. Die Blätter zunächst der Länge nach halbieren, dann in schmale Streifen scheiden.

2 Ananas dick schälen, sodass auch die Augen mit entfernt werden. Den harten Strunk herausschneiden. Anschließend das Fruchtfleisch in feine Scheiben und diese in kleine Stücke schneiden.

3 Für das Dressing Öl und Essig vermengen. Petersilie und Basilikum waschen und gut trockentupfen. Die Blättchen abzupfen, etwas klein hacken. Zusammen mit dem Dressing unter den Chinakohl und die Ananasstückchen mischen.

Chinakohl mit Ananas – ein Salat mit raffinierter exotischer Note

Selleriesalat mit Apfel und Mandarine

200 g Knollensellerie
2 Äpfel
2 Mandarinen
10 Walnusskerne
2 EL Leinöl
2 EL Himbeeressig

1 Sellerie und Äpfel waschen und putzen. Die Äpfel vierteln. Sellerie und Apfelstücke fein raspeln.

2 Mandarinen schälen, in mundgerechte Stücke schneiden und zu der Sellerie-Apfel-Mischung geben.

3 Walnusskerne entweder grob hacken oder mit den Fingern brechen und ebenfalls untermengen.

4 Für das Dressing Öl und Essig in einer Schüssel gut verrühren und über den Salat träufeln.

Belugalinsensalat

200 g Belugalinsen
1 TL Instant-Gemüsebrühe
4 EL Olivenöl
1 EL Balsamicoessig
1 kleine Schalotte

1 Linsen mit 500 Milliliter Wasser aufkochen und abgedeckt ca. 20 bis 25 köcheln lassen. Zum Ende der Garzeit Gemüsebrühe unterrühren. Dann abgießen und abtropfen lassen.

2 Olivenöl und Essig miteinander verrühren.

3 Schalotte abziehen und fein würfeln. Zusammen mit dem Dressing unter die noch warmen Linsen geben.

Belugalinsensalat schmeckt sowohl warm als auch gekühlt.

Blumenkohlrohkost

200 g Blumenkohl
10 Radieschen
2 EL Distelöl
1 EL Zitronensaft
1 TL Kräutersalz
Pfeffer aus der Mühle
½ Bund Schnittlauch

1 Blumenkohl und Radieschen waschen und putzen. Das Gemüse mit der Küchenmaschine grob zerkleinern. Schnittlauch waschen und trockentupfen. In kleine Röllchen schneiden.

2 Für das Dressing Öl und Zitronensaft verrühren. Mit Salz und Pfeffer abschmecken und unter die Blumenkohl-Radieschen-Rohkost mischen. Schnittlauchröllchen darüber streuen.

Möhren-Apfel-Salat

200 g Möhren
1 Apfel
je 1 EL Sonnenblumenöl und Zitronensaft
Pfeffer aus der Mühle
5 grob gehackte Haselnüsse

1 Möhren und Apfel waschen und putzen. Beide Zutaten grob raspeln.

2 Öl und Zitronensaft verrühren und mit Pfeffer abschmecken. Das Dressing mit der Möhren-Apfel-Mischung vermengen und mit den Haselnüssen garnieren. Sofort servieren.

Wer Rote Bete bisher nur gekocht kannte, wird bei diesem Salat überrascht sein.

Rote-Bete-Apfel-Salat

200 g Rote Bete
100 g Apfel
1 EL Haselnussöl
1 EL Zitronensaft
Pfeffer aus der Mühle

1 Rote Bete und Apfel waschen und putzen. Den Apfel vierteln.

2 Beide Zutaten fein reiben.

3 Für das Dressing Öl und Zitronensaft verrühren und mit frisch gemahlenem Pfeffer abschmecken.

4 Die geriebene Rohkost zugeben und alles gut miteinander vermengen. Den Rote-Bete-Apfel-Salat sofort servieren.

Fruchtiger Endiviensalat

200 g Endiviensalat
1 Orange
1 Apfel
2 EL Leinöl
1 EL Zitronensaft
je 1 kleiner Zweig Rosmarin und Liebstöckel

1 Endiviensalat waschen und gut trockenschleudern. Die Orange schälen und in mundgerechte Stücke schneiden. Apfel waschen und vierteln. Die Viertel in kleine Würfel schneiden.

2 Für das Dressing Öl und Zitronensaft verrühren. Kräuter abspülen und trockentupfen. Blättchen abzupfen und grob hacken. Salatblätter, Apfel- und Orangenstücke mit Dressing und Kräutern vorsichtig vermengen.

Wunderbar erfrischend und mit viel Schärfe

Tomaten mit Apfel-Meerrettich-Sauce

400 g Tomaten
20 g Meerrettichwurzel
1 kleiner Apfel
2 EL Sonnenblumenöl
1 EL Zitronensaft

1 Tomaten waschen, Stielansatz herausschneiden, in feine Scheiben schneiden und diese dachziegelartig auf Tellern anrichten.

2 Meerrettich und Apfel waschen, putzen und in grobe Stücke zerteilen. Beide Zutaten in einer Küchenmaschine fein reiben. Sofort mit Öl und Zitronensaft zu einer sämigen Sauce vermengen.

3 Sauce über die Tomatenscheiben träufeln und sofort servieren.

Hätten Sie gedacht, dass Kohl so lecker schmeckt?

Blumenkohl-Brokkoli-Salat

100 g Brokkoli
100 g Blumenkohl
30 g Cashewkerne
2 Knoblauchzehen
2 EL Distelöl
2 EL Apfelessig

1 Brokkoli und Blumenkohl waschen und putzen. Beides grob raspeln.

2 Cashewkerne mit einem Stabmixer fein zermalen. Geschälten Knoblauch zugeben und alles zu einer sämigen Masse verarbeiten.

3 Öl und Essig verrühren und unter die Cashew-Knoblauch-Mischung ziehen. Brokkoli-Blumenkohl-Rohkost gut mit dem Dressing vermengen.

Süßer Chicoréesalat

200 g Chicorée
1 Banane
1 Mandarine
1 EL Leinöl
2 EL Zitronensaft
1 Messerspitze Paprika edelsüß
Pfeffer aus der Mühle

1 Chicorée waschen und trockentupfen. Dann halbieren, den Strunk entfernen und die Blätter quer in feine Streifen schneiden. Banane und Mandarine schälen. Banane in Scheiben und Mandarine in mundgerechte Stücke schneiden.

2 Öl, Zitronensaft, Paprika und Pfeffer zu einem Dressing verrühren. Salatstreifen und Obststücke auf Tellern verteilen. Das Dressing darüber träufeln.

Radieschensalat

1 Bund Radieschen
⅓ Bund Schnittlauch
1 EL Kürbiskerne
2 EL Sonnenblumenöl
1 EL Apfelessig
Pfeffer aus der Mühle

1 Radieschen waschen und putzen. In feine Scheiben schneiden. Schnittlauch abspülen und gut trockentupfen. In feine Röllchen schneiden.

2 Kürbiskerne in einer Pfanne ohne Fett unter Rühren kurz anrösten, abkühlen lassen.

3 Öl und Essig verrühren und mit Pfeffer abschmecken. Radieschenscheiben gut mit dem Dressing vermengen. Schnittlauchröllchen und Kürbiskerne darüber streuen.

Ein knackfrischer Radieschensalat mit Kürbiskernen – und alles läuft gut!

Möhren-Apfel-Fenchel-Salat

200 g Möhren
½ Fenchelknolle
1 Apfel
3 EL Sonnenblumenöl
2 EL Apfelessig
Salz
Pfeffer aus der Mühle
3 Stängel Koriander

1 Möhren, Fenchelknolle und Apfel waschen, putzen und in kleinere Stücke zerteilen. Diese anschließend mit der Küchenmaschine grob raspeln.

2 Für das Dressing Sonnenblumenöl und Apfelessig verrühren und mit Salz und frisch gemahlenem Pfeffer abschmecken. Koriander kurz abbrausen und sehr vorsichtig trockentupfen. Blättchen abzupfen.

3 Dressing mit der Rohkost gut vermengen. Vor dem Servieren die Korianderblättchen darüber geben.

Spargel-Orangen-Salat

400 g weißer Spargel
½ Bund Schnittlauch
2 Orangen
1 TL Senf
3 EL Hanföl
1 TL Traubenessig
Salz
Pfeffer aus der Mühle

1 Den Spargel gründlich schälen und die Enden abschneiden. Spargel schräg in feine Scheiben schneiden.

2 1 Orange schälen und in mundgerechte Stücke schneiden. Schnittlauch waschen und trockentupfen. In feine Röllchen schneiden.

3 Zweite Orange auspressen. Saft mit Senf, Öl und Essig zu einem Dressing verrühren. Mit Salz und Pfeffer würzen.

4 Spargelscheiben und Orangenstücke mit dem Dressing vermengen und Schnittlauchröllchen darüber streuen.

Der Möhrenklassiker bekommt mit Fenchel eine höchst interessante Note.

Gesünder geht's nimmer! Und der Tomaten-Avocado-Salat schmeckt auch noch hervorragend.

Tomaten-Avocado-Salat

250 g Tomaten
1 Avocado
je 2 EL Distelöl und Limettensaft
Pfeffer aus der Mühle
½ Bund Schnittlauch
1 Knoblauchzehe

1 Tomaten waschen, vierteln und Stielansätze herausschneiden. Avocado schälen, den Stein entfernen und das Fruchtfleisch in nicht zu kleine Würfel schneiden. Tomaten und Avocadowürfel auf Tellern verteilen.

2 Öl und Limettensaft verrühren, mit Pfeffer abschmecken. Schnittlauch waschen, trockentupfen und in feine Röllchen schneiden. Knoblauch abziehen, sehr fein hacken. Beides zum Dressing geben und über den Salat träufeln.

Kohlrabisalat

200 g Kohlrabi
12 Haselnüsse
2 EL Leinöl
1 EL Obstessig
2–3 Stängel glatte Petersilie

1 Kohlrabi waschen, schälen und die holzigen Stellen abschneiden. Haselnusskerne und Kohlrabi mit der Küchenmaschine grob raspeln.

2 Leinöl und Obstessig gut verrühren. Petersilie waschen und trockentupfen. Die Blätter abzupfen, grob hacken und unter das Dressing mischen.

3 Das Dressing mit der Rohkost gut vermengen und sofort servieren.

Grüner Lollo Rosso, roter Radicchio und weiße Champignons – auch optisch ein Genuss

Der Möhren-Lauch-Salat ist reich an dem sekundären Pflanzenstoff Beta-Carotin.

Gemischter Salat mit Champignons

150 g Lollo Rosso
100 g Radicchio
4 Champignons
3 EL Olivenöl
1½ EL Balsamicoessig
1 Knoblauchzehe
Pfeffer aus der Mühle

1 Lollo-Rosso- und Radicchioblätter waschen und gut trockenschleudern. In mundgerechte Stücke zupfen und auf Tellern verteilen.

2 Champignons mit Küchenpapier abreiben und Stielenden abschneiden. In feine Scheiben schneiden und über den Salat verteilen.

3 Olivenöl und Balsamicoessig verrühren. Knoblauchzehe abziehen, sehr fein hacken und unter das Dressing rühren. Mit Pfeffer abschmecken. Das Dressing über den Salat träufeln und möglichst sofort servieren.

Möhren-Lauch-Salat

250 g Möhren
150 g Lauch
6 EL Distelöl
2 EL Zitronensaft
¼ TL Kräutersalz

1 Möhren und Lauch (Porree) gründlich unter fließendem Wasser waschen und anschließend putzen. Möhren fein raspeln. Lauch in feine Ringe schneiden.

2 Für das Dressing Distelöl und Zitronensaft verrühren und mit Kräutersalz abschmecken. Über das Gemüse geben und alles gut miteinander vermengen.

Sauerkrautsalat

200 g frisches Sauerkraut
¼ Ananas
2 EL Leinöl
3 EL frisch gepresster Orangensaft
30 g Cashewkerne
30 g Walnusskerne
3 Stängel Koriander
1 Banane

1 Sauerkraut kurz abtropfen lassen und mit zwei Gabeln etwas auflockern. Eventuell kleiner schneiden. Ananas dick schälen, sodass auch die Augen mit entfernt werden. Harten Strunk herausschneiden. Fruchtfleisch in schmale Scheiben, dann in kleine Stücke schneiden und unter das Sauerkraut mengen.

2 Leinöl und Orangensaft verrühren. Cashew- und Walnusskerne grob hacken. Koriander abspülen und vorsichtig trockentupfen. Blättchen abzupfen und mit den Nüssen unter das Dressing rühren. Die Sauerkraut-Ananas-Mischung gut mit dem Dressing vermengen.

3 Banane schälen, längs halbieren, in Scheiben schneiden und den Salat damit garnieren.

Gemischter Salat mit Lammfilets

2 EL Distelöl
300 g Lammfilet
2 EL Rapsöl
2 EL Balsamicoessig
Salz
Pfeffer aus der Mühle
100 g Eichblattsalat
100 g Feldsalat
100 g Lollo Rosso
5 Walnusskerne

1 Backofen auf 90 °C vorheizen. Das Distelöl in einer ofenfesten Pfanne erhitzen und die Lammfilets pro Seite 1 ½ Minuten darin anbraten. Die Filets anschließend im Ofen gar ziehen lassen.

2 Währenddessen Rapsöl und Balsamicoessig verrühren und mit Salz und Pfeffer abschmecken. Salate gründlich waschen und gut trockenschleudern. Große Blätter mit den Fingern etwas zerpflücken und mit dem Dressing gründlich vermengen.

3 Walnusskerne grob hacken oder mit den Fingern zerkleinern und ebenfalls unter den Salat mengen.

4 Lammfilets aus dem Ofen nehmen und schräg in 1 Zentimeter dicke Scheiben schneiden, nach Belieben leicht salzen.

5 Salat auf Tellern anrichten und die Lammfiletscheiben darauf legen.

Obstsalat im Frühling

1 Banane
½ Mango
1 Birne
200 g Erdbeeren
¼ Honigmelone
1 EL Haferflocken
8 Cashewkerne

1 Banane schälen und in Scheiben schneiden. Mango schälen und Fruchtfleisch vom Kern schneiden. In kleine Würfel schneiden.

2 Birne und Erdbeeren waschen und putzen. Birne vierteln und das Kerngehäuse entfernen. Erdbeeren je nach Größe halbieren oder vierteln, Birne in kleine Stücke schneiden.

3 Die Kerne der Honigmelone entfernen und das Fruchtfleisch in mundgerechte Stücke würfeln. Alles Obst in einer Schüssel vorsichtig mischen.

4 Cashewkerne grob hacken oder mit den Fingern zerbrechen. Zusammen mit den Haferflocken über den Salat streuen.

Schmeckt frisch und leicht exotisch – der frühlingshafte Obstsalat.

Obstsalat im Sommer

1 Banane
2 Nektarinen
2 Aprikosen
150 g Beeren der Saison (z. B. Brombeeren, Heidelbeeren, Johannisbeeren)
2 EL Haselnüsse

1 Banane schälen, längs halbieren und in Scheiben schneiden.

2 Nektarinen und Aprikosen waschen, halbieren und Kerne entfernen. Das Fruchtfleisch in mundgerechte Stücke schneiden.

3 Beeren waschen und bei Bedarf vorsichtig von den Stielen streifen. Klein geschnittene Früchte mit den Beeren vermengen.

4 Haselnüsse grob hacken. Über den Obstsalat streuen und sofort servieren.

Die Nüsse und gekeimten Körner machen den Herbstsalat zu einem Fitmacher par excellence.

Obstsalat im Herbst

1 Banane
150 g Weintrauben
1 Birne
1 Apfel
¼ Ananas
2 EL Mandeln
2 EL gekeimte Weizenkörner

1 Banane schälen und in Scheiben schneiden. Weintrauben, Birne und Apfel waschen. Apfel und Birne vierteln und in kleine Stücke schneiden. Ananas dick schälen, Augen und Strunk entfernen. Fruchtfleisch in schmale Scheiben und dann in kleine Stücke schneiden. Alles Obst vorsichtig miteinander vermengen.

2 Mandeln grob hacken, mit den Weizenkeimlingen mischen und über den Obstsalat streuen. Sofort servieren.

Obstsalat im Winter

1 Banane
1 Apfel
1 Birne
2 Mandarinen
1 Kiwi
6 Walnusskerne
1 EL Haferflocken

1 Banane schälen und in Scheiben schneiden. Apfel und Birne waschen, vierteln und in kleine Stücke schneiden. Mandarinen und Kiwi schälen und in kleine Würfel schneiden.

2 Alle Obststücke vorsichtig miteinander vermengen.

3 Walnusskerne grob hacken oder mit den Fingern brechen. Zusammen mit den Haferflocken über den Obstsalat streuen und sofort servieren.

Nudelgerichte – Pasta für Kraft und Ausdauer

Nudeln sind des Läufers Lieblingsspeise. Ob das an den Kohlenhydraten liegt, der einfachen Zubereitung, weswegen sie auch für Großveranstaltungen wie Pastapartys geeignet sind, oder an der Vielzahl der leckeren Saucenvariationen, da bin ich mir nicht sicher. Doch Nudeln sind nicht gleich Nudeln. Unter Nudeln werden sämtliche Teigwaren verstanden, die vor dem Verzehr gekocht werden. Mit Pasta werden meist Nudeln italienischer Herkunft aus Hartweizengrieß bezeichnet. Als Vollwertköstler sollten Sie Ihre Wahl ganz gezielt treffen. Statt der hellen Nudeln aus Auszugsmehl sollten sie Vollkornnudeln kaufen (aus Dinkel, Kamut, Hirse, Vollkornhartweizen). Lassen Sie sich beim Einkauf nicht verwirren auch ich falle manchmal noch darauf herein: Der Zusatz »Bio« reicht als Qualitätshinweis nicht aus. Achten Sie darauf, dass es sich um Vollkornnudeln handelt – und Hartweizengrieß ist nicht Vollkornhartweizen.

Ob Sie Spaghetti, Fettuccine, Fusilli, Makkaroni, Penne oder Farfalle bevorzugen, das spielt keine Rolle. Sehen Sie unsere Rezepte als Vorschläge an, die Sie nach Belieben variieren können. Essen Sie Ihre Nudeln aber immer wie die Italiener: Erst Antipasti, dann die Pasta – also erst eine Vorspeise aus Salat, dann das Nudelgericht.

Pasta mit rotem Pesto

300 g Hirse-Vollkornspaghetti
Salz
3 Knoblauchzehen
50 g getrocknete Tomaten
80 g Olivenöl
1 TL Kräutersalz
30 g Sonnenblumenkerne
½ Bund glatte Petersilie

1 Nudeln in sprudelndem Salzwasser nach Packungsanleitung al dente kochen.

2 Inzwischen Knoblauch abziehen und grob hacken. Zusammen mit getrockneten Tomaten, Olivenöl und Kräutersalz in ein hohes Gefäß geben, mit dem Pürierstab zu einem Pesto mixen und alles vorsichtig erwärmen.

3 Sonnenblumenkerne in einer Pfanne ohne Fett unter Rühren leicht anrösten und abkühlen lassen. Petersilie waschen, gut trockentupfen und klein hacken.

Mein Rat

Die Nudelzubereitung erfolgt immer nach dem gleichen Prozedere: Reichlich Wasser in einem großen Topf zum Kochen bringen. Salz und Nudeln hinzugeben und im offenen Topf sprudelnd kochen lassen. Nudeln bissfest garen und abtropfen lassen. Währenddessen die Saucen nach Rezept vorbereiten.

4 Spaghetti abgießen und kurz abtropfen lassen. In einer vorgewärmten Schüssel mit dem Pesto schnell und gründlich vermengen. Geröstete Sonnenblumenkerne und Petersilie darüber streuen. Sofort servieren.

Pasta mit Lachs

300 g Vollkornbandnudeln
Salz
300 g frischer Lachs
1 EL Butter
1 TL Zitronensaft
1 TL Kapern
1 EL Rapsöl
Pfeffer aus der Mühle
1 EL gehackter Dill

1 Nudeln in sprudelndem Salzwasser nach Packungsanleitung al dente kochen. Währenddessen Lachs abspülen und gut trockentupfen. Dann in 2 Zentimeter breite Streifen schneiden.

2 Butter in einer Pfanne erhitzen und den Lachs bei mittlerer Hitze darin auf beiden Seiten ca. 1 Minute braten. Den Zitronensaft darüber träufeln und Kapern hinzugeben. Kurz erwärmen.

3 Nudeln in ein Sieb abgießen und kurz abtropfen lassen. Noch heiß in einer vorgewärmten Schüssel mit dem Rapsöl schnell und gut vermengen. Dann auf vorgewärmte Teller geben und den Lachs darauf legen. Mit etwas Pfeffer abschmecken und mit Dill garnieren.

Würziger Energielieferant: Pasta mit rotem Pesto.

Spaghetti aglio e olio

300 g Dinkel-Vollkornspaghetti
Salz
4 Knoblauchzehen
4 EL Olivenöl
½ Bund glatte Petersilie
Pfeffer aus der Mühle

1 Nudeln in sprudelndem Salzwasser nach Packungsanleitung al dente kochen. Inzwischen Knoblauch abziehen und in feine Scheiben schneiden. Öl in einer großen Pfanne erwärmen und den Knoblauch darin unter Rühren glasig dünsten. Petersilie waschen, abtupfen und klein hacken.

2 Nudeln in ein Sieb abgießen und kurz abtropfen lassen. Noch heiß zusammen mit der Petersilie in die Pfanne geben. Alles schnell und gründlich vermengen. Mit Salz und Pfeffer pikant abschmecken.

Ein schnelles und überaus köstliches Nudelgericht– die italienische Pastapfanne

Italienische Pastapfanne

200 g kurze Kamut-Vollkornnudeln (z. B. Penne)
Salz
je 1 gelbe, rote und grüne Paprikaschote
1 Zucchini
250 g Tomaten
4 EL Olivenöl
1 Knoblauchzehe
1 TL getrocknete italienische Kräutermischung
Pfeffer aus der Mühle
2 EL schwarze Oliven
100 g frisch geriebener Parmesan

1 Nudeln in sprudelndem Salzwasser nach Packungsanleitung al dente kochen.

2 Gemüse waschen und putzen. Paprikaschoten halbieren und Kerne herauslösen. Dann längs in schmale Streifen schneiden. Tomaten und Zucchini vom Stielansatz befreien. Tomaten je nach Größe vierteln oder achteln. Zucchini in ca. ½ Zentimeter breite Scheiben schneiden.

3 Öl in einer Pfanne erhitzen. Zwiebeln und Knoblauch abziehen, fein würfeln und im Öl anbraten. Paprika und Zucchini zugeben und kurz mitbraten.

4 Nudeln abgießen, kurz abtropfen lassen und mit den Tomaten zum Paprika-Zucchini-Gemüse geben. Noch einige Minuten bei kleiner Hitze schmoren lassen.

Mein Rat

Um die Schärfe einer Sauce zu variieren, können Sie immer auch eine klein geschnittene Chilischote mitkochen – wer es extra scharf möchte, verwendet auch die Kerne. Wer ein milde Schärfe bevorzugt, erreicht dies mit frisch gemahlenem schwarzen Pfeffer.

5 Mit getrockneten Kräutern, Pfeffer und Salz nach Belieben würzen. Mit Oliven garnieren und die Pasta aus der Pfanne servieren. Frisch geriebenen Parmesan in einer separaten Schüssel bereitstellen.

Nudeln mit Zitronen-Basilikum-Sauce

300 g kurze Vollkornnudeln (z. B. Fussilli)
Salz
¼ l Gemüsebrühe
2 EL fein gemahlene Hirse
100 g Sahne
1 große unbehandelte Zitrone
1 EL Butter
½ Bund Basilikum
Pfeffer aus der Mühle

1 Nudeln in sprudelndem Salzwasser nach Packungsanleitung al dente kochen. Inzwischen Gemüsebrühe in einem kleinen Topf zum Kochen bringen. Hirse mit der Sahne verrühren und unter Rühren in die kochende Brühe geben. Topf vom Herd nehmen und Hirse ca. 5 Minuten quellen lassen.

2 Zitronenschale fein abreiben und Saft auspressen. Butter, Zitronenschale und -saft unter die Hirse rühren. Mit Pfeffer würzen.

3 Basilikum abspülen und gut trockentupfen. Die Blättchen von den Stielen zupfen und in feine Streifen schneiden. Beiseite legen.

4 Nudeln in ein Sieb abgießen und kurz abtropfen lassen. Noch heiß in einer vorgewärmten Schüssel mit der Zitronensauce vermengen. Mit Basilikum bestreuen und servieren.

Für viele ein neuer, aber unwiderstehlicher Geschmack – die Zitronen-Basilikum-Sauce

Reisgerichte – abwechslungsreiche Läuferkost

Wussten Sie, dass Chinesen im Schnitt 120 Kilogramm Reis pro Kopf und Jahr verzehren, wir Deutschen aber nur 2 bis 4 Kilogramm? Für mehr als die Hälfte der Weltbevölkerung stellt Reis die Hauptnahrungsquelle dar. Jährlich werden weltweit über 600 Millionen Tonnen Reis geerntet, hauptsächlich im asiatischen Raum.

Achten Sie bei Ihrem Einkauf auf die Bezeichnung »Bio-Naturreis«. Naturreis – auch brauner Reis genannt – ist immer Vollkornreis, im Gegensatz zum Parboiled Reis oder weißen Reis. Auch roter Reis ist ein Naturreis, denn nur die Schale ist rot. Er eignet sich für Gerichte, die einen kleinen Farbtupfer brauchen.

Unterschieden wird zwischen dem trocken körnig kochenden Langkornreis, dem etwas dickeren Mittelkornreis und dem eher klebrig weich kochenden Rundkornreis. Jeder Reis hat ein anderes Quellvermögen und erfordert damit andere Wassermengen und unterschiedliche Kochzeiten. Orientieren Sie sich daher immer an den Verpackungsangaben.

Ingwerreis mit Tomaten-Auberginen-Gemüse

600 ml Gemüsebrühe
200 g Langkornreis
50 g Rosinen
1 Aubergine
Salz
4 Tomaten
2 Knoblauchzehen
1 walnussgroßes Stück Ingwer
2 EL Olivenöl
50 ml Sahne
1 TL getrocknete Kräuter der Provence

1 Gemüsebrühe in einem kleinen Topf aufkochen lassen. Währenddessen den Reis in einem Sieb gut abspülen. Dann zusammen mit den Rosinen in die kochende Brühe geben und ca. 35 bis 40 Minuten abgedeckt bei geringer Temperatur köcheln lassen.

2 Währenddessen Aubergine waschen, Stielansatz entfernen und in ca. 1 Zentimeter

Ingwer ist ein wärmendes Gewürz und passt ideal zu Gemüse-Reis-Gerichten.

große Würfel schneiden. Mit reichlich Salz vermischen und 10 Minuten ziehen lassen. Das Salz zieht die Bitterstoffe aus der Aubergine.

3 Die Auberginenwürfel danach sorgfältig abwaschen und mit Küchenpapier gut abtrocknen.

4 Tomaten waschen, Stielansatz herausschneiden und je nach Größe vierteln oder achteln. Knoblauch abziehen, Ingwer schälen und beides fein würfeln.

5 Olivenöl in einer Pfanne erhitzen und die Auberginenwürfel darin kräftig anbraten. Dann Tomaten, Knoblauch und Ingwer hinzugeben. Alles 5 Minuten köcheln lassen. Zum Schluss Sahne und die Kräuter unterrühren.

6 Den fertigen Reis auf Teller verteilen. Das Gemüse dazu servieren.

Reis-Zucchini-Pfanne

150 g roter Vollkornreis
1 mittelgroße Zwiebel
1 gelbe Zucchini
1 grüne Zucchini
4 EL Olivenöl
Salz
Pfeffer aus der Mühle

1 Reis in einem Sieb gut abspülen. Zusammen mit 300 Milliliter Wasser und ½ Teelöffel

Ein Genuss für Augen und Gaumen – die Reis-Zucchini-Pfanne mit rotem Reis

Salz in einen kleinen Topf geben, aufkochen und dann ca. 35 bis 40 Minuten abgedeckt bei geringer Temperatur köcheln lassen.

2 Währenddessen Zwiebel abziehen und fein würfeln. Zucchini waschen, putzen und zuerst in Scheiben, dann in breite Stifte schneiden.

3 Öl in einer Pfanne erhitzen. Zucchini zusammen mit der Zwiebel kräftig darin anbraten. Mit Salz und Pfeffer würzig abschmecken.

4 Den fertigen Reis zur Zucchini-Zwiebel-Mischung in die Pfanne geben. Alles vorsichtig miteinander vermengen.

Reispfanne mit frischen Pilzen

200 g Langkornreis
1 mittelgroße Zwiebel
2 Knoblauchzehen
250 g Pilze (z. B. Champignons, Austern- oder Steinpilze)
½ Bund Petersilie
50 g Butter
Salz
Pfeffer aus der Mühle
40 g frisch geriebener Parmesan

1 Reis in einem Sieb gut abspülen. Dann zusammen mit 400 Milliliter Wasser und ½ Teelöffel Salz in einen kleinen Topf geben, aufkochen und ca. 35 bis 40 Minuten abgedeckt bei geringer Temperatur köcheln lassen.

2 Währenddessen Zwiebel und Knoblauch abziehen und fein würfeln. Pilze mit Küchenpapier abreiben. Stielenden abschneiden und dann in Scheiben schneiden. Petersilie abspülen und gut trockentupfen. Dann Blättchen abzupfen und klein hacken.

3 Butter in einer Pfanne erwärmen und die Pilze darin anbraten. Zwiebeln und Knoblauch hinzugeben und 2 Minuten mitbraten lassen.

4 Den fertigen Reis zu den Pilzen in die Pfanne geben. Alles vorsichtig vermengen und mit Salz und Pfeffer abschmecken. Klein gehackte Petersilie drüber streuen. Pilzreis auf Tellern anrichten und mit frisch geriebenem Parmesan servieren.

Bunter Reis mit Pastinaken und Möhren

150 g Langkornreis
½ TL Salz
50 g roter Naturkornreis
200 g Pastinaken
200 g Möhren
25 ml Olivenöl
1 TL grobes Meersalz

1 Reis in einem Sieb gut abspülen. Dann zusammen mit 400 Milliliter Wasser und ½ Teelöffel Salz in einen kleinen Topf geben, aufkochen lassen und anschließend ca. 35 bis 40 Minuten abgedeckt bei geringer Temperatur köcheln lassen.

2 Backofen auf 200 °C vorheizen.

3 Pastinaken und Möhren gründlich waschen und putzen. Beide Gemüsesorten in nicht zu dünne Scheiben schneiden.

4 Die Gemüsescheiben in eine Schüssel geben und mit Olivenöl und Meersalz gut vermengen.

5 Ein Backblech mit Backpapier auslegen und das Gemüse darauf verteilen. Im vorgeheizten Backofen auf der mittleren Einschubleiste etwa 30 Minuten goldbraun backen, eventuell dazwischen das Gemüse einmal wenden.

6 Den fertigen Reis zusammen mit dem gebackenen Gemüse servieren.

Kartoffelgerichte – Feines mit der tollen Knolle

Immer mehr Kartoffelpartys lösen die Pastapartys bei Laufveranstaltungen ab. Und das zu Recht, denn die Kartoffel überzeugt nicht nur durch ihre Kohlenhydrate, sondern sie ist auch reich an essenziellen, also lebenswichtigen Aminosäuren und einer Vielzahl anderer Vitalstoffe.

Weltweit gibt es rund 5000 Kartoffelsorten, von denen jährlich etwa 300 Millionen Tonnen geerntet werden. Die Kartoffel ist damit eines der wichtigsten Grundnahrungsmittel, das auf unserem Planeten wächst.

Für den Menschen sind rohe Kartoffeln unverträglich, die Knollen müssen daher vor dem Verzehr erhitzt werden. Je nach ihren Kocheigenschaften – fest kochend, vorwiegend fest kochend oder mehlig kochend – werden Speisekartoffeln in verschiedene Handelsklassen eingeteilt.

Wie bei vielen anderen Lebensmitteln auch, befinden sich bei der Kartoffel ein Großteil der Vitamine und Mineralstoffe direkt unter bzw. in der Schale, weshalb Sie Kartoffeln, wie in den nachfolgenden Rezepten beschrieben, möglichst ungeschält garen und genießen sollten.

Eine beliebte Kombination zur Regeneration der Muskeln – Kartoffeln und Quark

Kartoffeln mit Quark

400 g Kartoffeln
250 g Quark
½ Beet Kresse
Salz
Pfeffer aus der Mühle

1 Kartoffeln gründlich waschen und mit Schale in reichlich Salzwasser ca. 25 Minuten gar kochen. Wasser abschütten und Kartoffeln etwas abkühlen lassen.

2 Kresse mit einer Schere abschneiden. Die Kartoffeln ungepellt zusammen mit Quark und Kresse auf einem Teller garnieren. Je nach Geschmack mit Salz und frisch gemahlenem Pfeffer abschmecken.

Rosmarin macht die Kartoffeln besonders aromatisch. Dazu gibt es knackige Stangenbohnen.

Rosmarinkartoffeln mit Stangenbohnen

400 g Kartoffeln
6 EL Olivenöl
2 TL grobes Meersalz
2 Zweige Rosmarin
5 Knoblauchzehen
400 g Stangenbohnen

1 Kartoffeln waschen und halbieren. Olivenöl mit dem Salz vermischen und auf einem Backblech verteilen. Die Kartoffeln mit der Schnittfläche nach unten darauf legen.

2 Den Backofen auf 200 °C vorheizen. Kartoffeln auf der mittleren Schiene ca. 20 Minuten backen.

3 Rosmarin abspülen und gut trockentupfen. Blättchen abzupfen.

4 3 Knoblauchzehen abziehen und klein schneiden. Das Blech aus dem Ofen nehmen, Rosmarin und Knoblauch über die Kartoffeln streuen und weitere 10 Minuten goldbraun backen.

5 In der Zwischenzeit die Stangenbohnen waschen und die Enden abschneiden. Restliche Knoblauchzehen abziehen und klein schneiden. Bohnen in einem Topf knapp mit Wasser bedecken und den Knoblauch hinzugeben. In ca. 15 Minuten bei mittlerer Hitze garen. Bohnen in ein Sieb abschütten. Rosmarinkartoffeln gemeinsam mit den Bohnen auf Tellern anrichten.

Kartoffelauflauf mit buntem Gemüse

200 g Kartoffeln
4 Tomaten
1 kleine rote Paprikaschote
1 kleine Zucchini
150 g Champignons
1 mittelgroße Zwiebel
2 Knoblauchzehen
2 EL Olivenöl
180 g Maiskörner aus der Dose
je 4 Stängel Petersilie und Thymian
Salz
Pfeffer aus der Mühle

1 Die Kartoffeln gründlich waschen und mit Schale in reichlich Salzwasser ca. 25 Minuten gar kochen. Wasser abschütten, Kartoffeln etwas abkühlen lassen und halbieren.

2 Tomaten, Paprikaschote und Zucchini waschen. Tomaten und Zucchini vom Stielansatz befreien und in Scheiben schneiden. Paprika entkernen und weiße Trennwände entfernen. Paprika würfeln. Champignons mit Küchenpapier abputzen, Stielenden abschneiden und die Pilze in dünne Scheiben schneiden. Zwiebeln und Knoblauch abziehen und klein hacken.

3 Backofen auf 220 °C vorheizen. Olivenöl in einer Auflaufform verteilen und die Kartoffeln mit der Schnittfläche nach unten hineinlegen. Mais abtropfen lassen. Petersilie und Thymian abspülen, trockentupfen, Blättchen abzupfen und klein schneiden.

4 Gemüse, Champignons, Knoblauch und Zwiebeln über den Kartoffeln verteilen. Das Ganze mit etwas Salz und Pfeffer würzen und mit den Kräutern bestreuen. Im vorgeheizten Backofen auf mittlerer Schiene ca. 15 Minuten backen.

Sesamkartoffeln mit Salat

400 g Kartoffeln
Salz
50 g Butter
40 g Sesam

1 Die Kartoffeln waschen und gründlich abbürsten. Anschließend in reichlich Salzwasser ca. 25 Minuten gar kochen. Wasser abschütten, Kartoffeln etwas abkühlen lassen und halbieren.

2 Butter in einer großen Pfanne schmelzen lassen. Die Sesamsamen dazugeben und bei niedriger Hitze hellbraun anrösten. Die lauwarmen Kartoffeln in der Sesambutter schwenken und anschließend mit einem Salat Ihrer Wahl servieren (siehe ab Seite 93).

Mein Rat

Den Sesam langsam bei niedriger Hitze rösten. Wenn die Temperatur zu hoch ist, springt der Sesam aus der Pfanne. Zum Abkühlen auf einen Teller geben.

Brötchen & Brote – selbst gebacken einfach köstlich

Brot und Brötchen sind in der hiesigen Esskultur weit verbreitet und von unseren Tellern nicht mehr wegzudenken. Und obwohl es durch die Erhitzung beim Backvorgang zum Verlust an Nährwerten kommt, sind Vollkornbrote und Vollkornbrötchen ein guter, sehr leckerer und praktischer Kompromiss, der immer noch viele wichtige biologische Wirkstoffe liefert.

Brotbacken ist gar nicht so schwer und macht auch noch viel Spaß. Mit einer guten Getreidemühle, wahlweise als Aufsatz für die Küchenmaschine oder als Einzelgerät, lassen sich Getreide unmittelbar vor der Zubereitung des Brotteiges schnell und einfach mahlen. Inklusive Mahlvorgang, Teigzubereitung und Backen brauchen geübte Hände nur knapp eine bis eineinhalb Stunden, bis sie herrlich duftende Vollkornbrötchen oder -brote aus dem Ofen holen können. Dazu noch ein selbst gemachter Brotaufstrich – und einer leckeren Mahlzeit steht nichts mehr im Weg.

Einfache Weizenbrötchen

500 g Weizen
30 g Hefe
10 g Meersalz
Zum Bestreuen: nach Wahl Mohn, Sesam, Leinsamen, Sonnenblumen- oder Kürbiskerne

1 Den Weizen fein mahlen. Hefe und Meersalz mit 340 Milliliter zimmerwarmem Wasser in einer Schüssel auflösen und mit dem Weizenmehl vermengen. Den Teig gründlich durchkneten und abgedeckt 30 Minuten gehen lassen.

2 Anschließend nochmals durchkneten und mit einem angefeuchteten Esslöffel etwa mandarinengroße Stücke abstechen. Mit ebenfalls angefeuchteten Händen zu runden Brötchen formen. Diese mit Wasser besprühen und mit der Oberseite in Samen oder Kerne eintauchen und anschließend auf ein gefettetes Backblech setzen.

3 Brötchen mit einem Tuch abdecken und weitere 15 Minuten gehen lassen. Backofen auf 240 °C vorheizen und eine feuerfeste Schüssel mit Wasser auf den Ofenboden stellen (siehe »Mein Rat«).

4 Brötchen auf der mittleren Schiene bei 240 °C ca. 20 Minuten backen. Zum Auskühlen auf ein Gitter legen.

Mein Rat

Stellen Sie beim Aufheizen des Backofens eine feuerfeste Schüssel mit heißem Wasser auf den Boden des Ofens. Der Wasserdampf fördert beim Backen das Aufgehen des Brotes und lässt die Kruste schön knusprig werden.

Brötchen & Brote – selbst gebacken einfach köstlich   117

Mit Avocado-Brotaufstrich (Seite 122) schmecken die schnellen Kürbiskernbrötchen besonders gut.

Diese süßen Rosinenbrötchen sind genauso ein Hit für Kinder.

Kürbiskernbrötchen

400 g Dinkel
100 g Buchweizen
150 g Kürbiskerne
25 g Hefe
10 g Meersalz
2 EL Traubenessig

1 Dinkel und Buchweizen fein mahlen, die Kürbiskerne grob hacken. Hefe mit 340 Milliliter zimmerwarmem Wasser in einer kleinen Schüssel auflösen und mit allen anderen Zutaten zu einem glatten Teig kneten. Der Teig braucht nicht zu gehen.

2 Backofen auf 220 °C vorheizen. Mit einem angefeuchteten Esslöffel etwa mandarinengroße Teigstücke abstechen, mit ebenfalls angefeuchteten Händen zu runden Brötchen formen und auf ein gefettetes Backblech setzen.

Eine feuerfeste Schüssel mit Wasser auf den Boden des Ofens stellen (siehe »Mein Rat«).

3 Brötchen 10 Minuten bei 220 °C backen, dann die Temperatur auf 180 °C reduzieren und weitere 8 bis 10 Minuten fertig backen. Zum Auskühlen auf ein Gitter legen.

Süße Rosinenbrötchen

je 250 g Weizen und Dinkel
40 g Hefe
5 g Meersalz
40 g Akazienhonig
80 g weiche Butter
100 g Rosinen

1 Weizen und Dinkel fein mahlen. Hefe, Meersalz und Honig mit 250 Milliliter zimmerwarmem Wasser in einer Schüssel auflösen und mit dem Mehl vermengen. Butter dazugeben und den Teig gründlich durchkneten. Rosinen untermengen, das Ganze erneut kneten und abgedeckt 20 Minuten gehen lassen.

2 Danach den Teig nochmals durchkneten und mit einem angefeuchteten Esslöffel etwa mandarinengroße Stücke abstechen. Mit ebenfalls angefeuchteten Händen zu runden Brötchen formen und auf ein gefettetes Backblech setzen. Brötchen mit einem Messer kreuzweise einschneiden, mit einem Tuch abdecken und weitere 20 Minuten gehen lassen.

3 Den Backofen auf 220 °C vorheizen. Die Brötchen mit Wasser besprühen und auf der mittleren Schiene ca. 15 Minuten backen. Zum Auskühlen auf ein Gitter legen.

Deftige Zwiebelbrötchen

100 g Zwiebeln
25 g Butter
500 g Weizen
30 g Hefe
10 g Meersalz

1 Zwiebeln abziehen, würfeln und in Butter leicht andünsten. Weizen fein mahlen. Hefe und Meersalz in 340 Milliliter zimmerwarmem Wasser in einer Schüssel auflösen und mit dem Mehl vermengen. Teig gründlich kneten. Zwiebeln untermengen und alles nochmals gut durchkneten. Anschließend abgedeckt 20 Minuten gehen lassen. Danach den Teig ein weiteres Mal durchkneten.

2 Mit einem angefeuchteten Esslöffel etwa mandarinengroße Stücke abstechen, mit ebenfalls angefeuchteten Händen zu runden Brötchen formen und auf ein gefettetes Backblech setzen. Brötchen mit einem Tuch abdecken und erneut 20 Minuten gehen lassen.

3 Backofen auf 250 °C vorheizen und eine feuerfeste Schüssel mit Wasser auf den Ofenboden stellen (siehe »Mein Rat«, Seite 116). Brötchen mit Wasser besprühen und auf der mittleren Schiene bei 250 °C ca. 20 Minuten backen. Zum Auskühlen auf ein Gitter legen.

Raffiniertes Tomatenbaguette

500 g Dinkel
50 g getrocknete Tomaten
40 g Hefe
10 g Meersalz
7 EL Olivenöl

1 Dinkel fein mahlen. Tomaten klein hacken. Hefe und Meersalz mit 330 Milliliter zimmerwarmem Wasser in einer Schüssel auflösen und mit Mehl und Tomaten vermengen. Öl dazugeben, den Teig gründlich durchkneten und abgedeckt 20 Minuten gehen lassen.

2 Teig halbieren und mit angefeuchteten Händen zu zwei länglichen Rollen formen. Diese jeweils in sich leicht verdrehen und auf ein gefettetes Bachblech legen. Die Baguettes mit einem Tuch abdecken und erneut 20 Minuten gehen lassen.

Die getrockneten Tomaten geben dem Baguette ein herrliches Aroma.

Das frisch gebackene Walnussbrot schmeckt sensationell gut.

3 Den Backofen auf 220 °C vorheizen. Die Baguettes mit Wasser besprühen und auf der mittleren Schiene bei 220 °C ca. 25 Minuten backen. Zum Auskühlen auf ein Gitter legen.

Leckeres Walnussbrot

500 g Weizen
100 g Walnusskerne
30 g Hefe
10 g Meersalz
20 g Akazienhonig
1 gestrichener TL Zimt

1 Weizen fein mahlen. Walnusskerne klein hacken. Hefe, Meersalz und Honig in einer Schüssel mit 340 Milliliter zimmerwarmem Wasser auflösen und mit dem Mehl vermengen. Walnusskerne und Zimt hinzugeben und mit der Küchenmaschine gründlich durchkneten. Den Teig mit einem Tuch abdecken und 30 Minuten gehen lassen.

2 Erneut durchkneten, mit angefeuchteten Händen zu einem runden Laib formen und auf ein gefettetes Backblech setzen. Brot abdecken und weitere 20 Minuten gehen lassen.

3 Den Backofen auf 240 °C vorheizen und eine feuerfeste Schüssel mit Wasser auf den Boden des Backofens stellen (siehe »Mein Rat«, Seite 116).

4 Das Brot mit einem Messer kreuzweise einschneiden und mit Wasser besprühen. Auf der mittleren Schiene bei 240 °C 20 Minuten backen. Dann die Temperatur auf 190 °C reduzieren und 40 Minuten weiterbacken. Zum Auskühlen auf ein Gitter legen.

Brotaufstriche – mal süß, mal herzhaft

Selbst gebackenes Brot schmeckt als Zugabe zu einem frischen Salat entweder pur, mit (Rohmilch-)Butter bestrichen oder auch in aromatisches Olivenöl getunkt. Die besten Rezepte dazu finden Sie auf den vorherigen Seiten.

Als separate Brotmahlzeit sind leckere Aufstriche angesagt und auch diese lassen sich in kurzer Zeit einfach zubereiten. Nachfolgend finden Sie fünf vollwertige Vorschläge, davon zwei süße und drei herzhafte Varianten. Wer Lust auf mehr hat, kann seiner Fantasie freien Lauf lassen und eigene Kreationen entwerfen. Vielleicht haben ja auch Ihre Kinder ein paar köstliche Ideen?

Erdbeermarmelade

1 kg Erdbeeren
250 g Akazienhonig
1 EL Konfigel® (pflanzliches Geliermittel)

1 Die Erdbeeren waschen, putzen, vierteln. Mit Honig und Konfigel® in einen hohen Kochtopf geben und vermengen. Die Masse erhitzen, 2 Minuten köcheln lassen und sofort heiß in Schraubgläser abfüllen.

2 Die Gläser verschließen und mindestens 30 Minuten lang auf den Kopf stellen. Die Erdbeermarmelade sollten Sie erst abgekühlt verzehren – auch wenn's schwer fällt!

Erdbeermarmelade – der Klassiker bei kleinen und großen Leckermäulern

Der Haselnussaufstrich ist die vollwertige Alternative zu Nutella & Co.

Tomaten-Mandel-Aufstrich mit mediterranen Kräutern – ein echter Genuss

Hausgemachter Haselnussaufstrich

100 g zimmerwarme Butter
100 g Akazienhonig
100 g Haselnussmus
1 gehäufter EL Kakaopulver
½ TL Bourbon-Vanille-Extrakt

1 Die weiche Butter mit dem Handrührgerät in einer Schüssel schaumig schlagen und die restlichen Zutaten nacheinander gründlich untermengen.

2 Den Haselnussaufstrich in ein Schraubglas füllen und im Kühlschrank aufbewahren. Der Aufstrich ist eine wunderbare Ergänzung zu den einfachen Weizenbrötchen (Seite 116).

Tomaten-Mandel-Aufstrich

1 kleine Zwiebel
2 Knoblauchzehen
200 g Tomatenmark
100 g grob gehackte Mandeln
2 TL italienische Kräuter
2 gestrichene TL Kräutersalz

1 Die Zwiebel und die Knoblauchzehen abziehen und klein hacken. Zusammen mit den restlichen Zutaten in einer Schüssel gut vermengen.

2 Die Masse mit den Händen zu kleinen Bällchen formen und auf einer flachen Schale servieren.

Der Avocadoaufstrich schmeckt leicht nussig und liefert viele lebenswichtigen Fettsäuren.

Avocado-Brotaufstrich

1 reife Avocado
1 Limette
2 Knoblauchzehen
2 mittelgroße Tomaten
½ Bund glatte Petersilie
Pfeffer, Kräutersalz

1 Limette auspressen. Avocado halbieren und das Fruchtfleisch mit einem Löffel herauslösen, sofort mit einer Gabel zerdrücken, mit dem Limettensaft beträufeln und gut verrühren.

2 Knoblauch abziehen und klein schneiden, Tomaten waschen, vom Stielansatz befreien und fein würfeln. Petersilie waschen und fein hacken.

3 Knoblauch, Tomaten und Petersilie unter das Avocadomus mengen. Zum Schluss noch mit Pfeffer und Kräutersalz abschmecken.

Olivenpaste

100 g schwarze Oliven ohne Stein
1 EL Kapern
1 EL Pinienkerne
2 EL Tomatenmark
2 EL Olivenöl
1 TL Balsamicoessig
Pfeffer aus der Mühle

1 Die Oliven mit Kapern, Pinienkernen, Tomatenmark und Olivenöl mit dem Pürierstab oder in einem Mixer fein pürieren.

2 Mit dem Balsamicoessig und frisch gemahlenem Pfeffer kräftig abschmecken. Salzen müssen Sie nicht, denn die Oliven und die Kapern sind schon salzig genug.

Mein Rat

Prüfen Sie die Avocado durch leichten Fingerdruck, ob sie schon reif ist. Gibt die Schale leicht nach, ist sie genau richtig. Noch sehr harte Früchte können Sie zu Hause in einer Papiertüte verpackt schnell nachreifen lassen. Da das Fruchtfleisch schnell braun wird, geben Sie nach dem Anschneiden etwas Zitronensaft darauf, der die Oxidation verhindert.

Desserts – süße Leckereien zum Abschluss

Leckere Nachspeisen müssen keine Sünde sein. Wenn Sie Lust darauf haben, warum nicht?
Auch Nachspeisen können vollwertig sein, wie die nachfolgenden Rezepte zeigen.

Erdbeersalat

1 unbehandelte Orange
1 kleines Stück frischer Ingwer
1 EL Akazienhonig
500 g frische Erdbeeren
2 EL gehackte Pistazien

1 Die Orange heiß abwaschen, trockenreiben, die Schale fein abreiben und den Saft auspressen. Die Ingwerwurzel schälen und fein reiben.

2 Orangensaft und -schale, Ingwer und Honig in einen Topf geben und kurz aufkochen. Alles ca. 10 Minuten unter gelegentlichem Umrühren bei kleiner Hitze köcheln. Vom Herd nehmen und abkühlen lassen.

3 Die Erdbeeren waschen, vorsichtig abtrocknen, entstielen und je nach Größe vierteln oder achteln.

4 Die Erdbeeren auf kleinen Tellern portionieren, die abgekühlte Sauce löffelweise darüber geben und mit gehackten Pistazien garnieren.

Ein erfrischendes Dessert zur Erdbeerzeit – schmeckt immer köstlich und macht Lust aufs Laufen.

Eine süße Alternative zur klassischen Polenta

Süße Polenta

100 g feiner Maisgrieß
50 g Rosinen
2 EL Honig
50 g gehackte Haselnüsse
½ TL Bourbon-Vanille-Extrakt

1 Maisgrieß mit 250 Milliliter Wasser und Rosinen in einen kleinen Topf geben. Unter gelegentlichem Umrühren aufkochen und ca. 10 Minuten bei kleiner Hitze köcheln lassen. Dann vom Herd nehmen und noch ca. 25 Minuten nachquellen lassen.

2 In die noch lauwarme Polenta Honig, Nüsse und Vanille einrühren und nach Belieben warm oder gekühlt servieren.

Frisches Obstmus

2 reife Bananen
1 reifer Apfel
1 reife Birne
½ reife Mango
1 EL Zitronensaft

1 Bananen schälen, in Scheiben schneiden. Apfel und Birne waschen, Kerngehäuse entfernen. Dann vierteln. Mango schälen, Fruchtfleisch vom Kern lösen und klein schneiden.

2 Alles mit dem Zitronensaft im Mixer pürieren und sofort servieren.

Gefrorene Bananen

2 mittelreife Bananen

1 Bananen schälen und in 2 Zentimeter breite Stücke schneiden. Diese nebeneinander in eine flache Gefrierdose legen und im Tiefkühlfach bzw. Gefrierschrank mindestens 4 Stunden gefrieren lassen.

2 Bananen stückchenweise herausnehmen und tiefgefroren genießen.

Mein Rat

Mittelreife Bananen erkennt man an ihrer gelben Schale, die aber noch keine braunen Stellen hat.

Getränke – Durstlöscher, die fit machen

Wasser ist das beste Fitnessgetränk. Stilles Mineralwasser oder Leitungswasser können Sie bedenkenlos in jeder Menge trinken, ein Spritzer Zitronensaft oder eine Zitronenscheibe gibt einen erfrischenden Geschmack. Aber es gibt noch weitere leckere Getränke für den Läufer.

Bananenshake

1 reife Banane
350 ml Sojatrunk
1 TL Akazienhonig (nach Belieben)

1 Banane schälen und in grobe Stücke schneiden. Zusammen mit ca. 200 Milliliter Sojatrunk in einem hohen Gefäß mit einem Pürierstab zerkleinern, dann den restlichen Sojatrunk zugeben und nochmals gut durchmixen.

2 Wenn die Banane nicht süß genug ist, kann man nach Belieben noch 1 Teelöffel Honig unterrühren.

Apfelsaftschorle

Apfelsaft
Mineralwasser
1 Prise Salz (nach Belieben)

1 Apfelsaft mit Mineralwasser im Verhältnis 1:3 mischen.

2 Wenn die Schorle als Sportgetränk genutzt werden soll, hilft das Natrium im Salz, die Flüssigkeit besser zu resorbieren.

Teeschorle

Früchte- oder Kräutertee
Mineralwasser

1 Den nach Packungsanweisung zubereiteten und abgekühlten Tee mit der gleichen Menge Mineralwasser verlängern.

Eine gekühlte Teeschorle löscht den Durst auf aromatische und gesunde Weise.

Über die Autoren

Andreas Butz ist Management- und Sporttrainer sowie begeisterter Marathon- und Ultraläufer. 2002 hat er seine Interessen Sport und Gesundheit zum Beruf gemacht, die vollwertige Kost als optimale Ernährungsform entdeckt und daraus die Vitale Läuferkost entwickelt. Er gibt seine Erfahrungen als Trainer im Einzelcoaching sowie in Firmenseminaren und zahlreichen Publikationen weiter. Unter www.laufcampus.com betreibt er eine der beliebtesten Internetseiten für Ausdauersportler. In Euskirchen bietet er Leistungsdiagnostik, Sport- und Ernährungsberatung an. Zurzeit absolviert er eine Ausbildung zum ärztlich geprüften Gesundheitsberater.
Weitere Informationen:
www.laufcampus.com/andreasbutz.php

Gisela Butz ist gelernte Industriekauffrau. Mit der Geburt ihres Sohnes Maximilian im Juni 1994 konzentrierte sie sich auf Haushalt und Familie. Die vollwertige Ernährung zählt zu ihren Leidenschaften. Sie probiert ständig neue Zubereitungsvarianten aus und hat einige ihrer Rezepte für dieses Buch niedergeschrieben. Ihre Erfahrung mit der Vitalen Läuferküche gibt sie in Praxiskursen weiter. Sie betreibt regelmäßig Fitnesssport, schwimmt, läuft, fährt Rad und praktiziert Yoga.
Weitere Informationen:
www.laufcampus.com/giselabutz.php

Weiterführende Artikel
Weiterführende Artikel zur Vitalen Läuferkost finden Sie auf unserer Internetseite www.laufcampus.com. Unter »Das richtige Handwerkszeug« finden Sie einen ausführlichen Beitrag zu Küchenhelfern und Kochgeschirr, die zum Gelingen der vollwertigen Kost beitragen können und bei der Zubereitung der im Buch vorgestellten Rezepte gedient haben.

Dank an unsere Partner
Wir bedanken uns bei allen Partnern für die Unterstützung bei diesem Buchprojekt:
• Ed. Wüsthof Dreizackwerk, www.wuesthof.de • glaskoch B. Koch jr. GmbH + Co.KG, www.leonardo.de • KAHLA/Thüringen Porzellan GmbH, www.kahlaporzellan.de • Robert Bosch GmbH, www.bosch-hausgeraete.de • Schnitzer GmbH & Co.KG, www.schnitzer-bio.de • Seeberger KG, www.seeberger.de • Silit-Werke GmbH & Co.KG, www.silit.de • Tao Sportswear, www.tao.info • Unold AG, www.unold.de

Stichwortverzeichnis

Aromastoffe 48
Auszugsmehle 56
Ballaststoffe (Faserstoffe) 47
Banane 40
Baustoffwechsel 22, 68
Bio 76
Ei 60
Eiweiße 43 ff.
Elektrolytgetränke 19, 84
Energieriegel, -gel 15, 19, 84
Energiestoffwechsel 39, 42
Enzyme 48
Fette 41 f.
Fitnessbremsen 73 ff.
Fleisch 60 f.
Gemüse 50 ff.
Getränke 63 ff.
Getreide 56 f.
Gewürze 62
Hülsenfrüchte 53
Immunsystem 29
Insulin 39
Kartoffeln 53
Käse 58 f.
Kohlenhydrate 38 ff.
Kräuter 62
Läufermagen 19
Milch 58 f.
Mineralstoffe 47
Nährstoffe 38
Nahrungsergänzungsmittel 13, 15, 19
Nüsse 54
Obst 50 ff.
Ölfrüchte 54
Ölsamen 54
Puddingvegetarier 60 f.
Salate 50 ff.
Saltin-Diät 81
sekundäre Pflanzenstoffe 49
Smoothies 50
Speiseöle 55
Sportgetränke 15, 19, 54
Sprossen 57
Spurenelemente 47
Trinken 63, 69
Trockenfrüchte 52
Übergewicht 34, 80
Verdauung 32 f.
Vitalstoffe 46
Vitamin B12 61
Vitamine 46
Vollkorn 56
vollwertige Ernährung 25
Wasser 63
Wunschgewicht 34

Bibliographische Information der Deutschen Bibliothek

Die Deutsche Bibliothek verzeichnet diese Publikation in der Deutschen Nationalbibliographie; detaillierte bibliographische Daten sind im Internet über http://dnb.ddb.de abrufbar.

BLV Buchverlag GmbH & Co. KG
80797 München

© 2009 BLV Buchverlag GmbH & Co. KG, München

Das Werk einschließlich aller seiner Teile ist urheberrechtlich geschützt. Jede Verwertung außerhalb der engen Grenzen des Urheberrechtsgesetzes ist ohne Zustimmung des Verlags unzulässig und strafbar. Das gilt insbesondere für Vervielfältigungen, Übersetzungen, Mikroverfilmungen und die Einspeicherung und Verarbeitung in elektronischen Systemen.

Bildnachweis
Alle Fotos von Nadine Michel, außer: Ernst, Nina: S. 1, 14, 36/37, 41, 52-57, 61, 63, 65, 70, 81, 82, 86-126; Jupiterimages: S. 2/3; Sportograf: S. 19
Umschlagfotos: Kristiane Vey/jump fotoagentur (Vorderseite), Jupiterimages (Rückseite)

Lektorat: Maritta Kremmler, Jaqueline Böttcher
Herstellung: Rosemarie Schmid
DTP: Satz+Layout Fruth GmbH, München

Printed in Germany
ISBN 978-3-8354-0509-7

Hinweis
Das vorliegende Buch wurde sorgfältig erarbeitet. Dennoch erfolgen alle Angaben ohne Gewähr. Weder Autoren noch Verlag können für eventuelle Nachteile oder Schäden, die aus den im Buch vorgestellten Informationen resultieren, eine Haftung übernehmen.

Fitness mit Tiefenwirkung

Frank Thömmes/Andreas Sasse
Das XCO-Power-Training
Der erste Fitness-Ratgeber für das faszinierende neue Trainingsgerät · Intensives Workout für Bauch-, Rücken- und Schultermuskulatur · Stärkt das Herz-Kreislauf-System, strafft das Bindegewebe und hilft beim Abnehmen.
ISBN 978-3-8354-0508-0

Bücher fürs Leben.